交大大講堂

JIAODA DAJIANGTANG

2016

北京交通大学 编

北京交通大学出版社
· 北京 ·

序

“交大大讲堂”自2008年开始酝酿，2009年首度发声，已经悄然走过了八年。八年，足以使她由青涩变得日渐成熟，从战战兢兢变得笃定而自信。忆往昔，创办“交大大讲堂”之初的艰辛犹如昨日般历历可数。曾经，我将她比喻成我们交大人的孩子，多少个费尽心思的不眠之夜，都是为了迎接她呱呱坠地的那一刻，多少次的牵肠挂肚，才换来她今日的亭亭玉立。

2016年是我校“十三五”规划开局之年，在“理工交融，文理渗透”理念的支配下，“交大大讲堂”再次吹响了“集结号”。《交大大讲堂2016》收录了2016年北京交通大学承办的第九届中国交通高层论坛、轨道交通创新发展与“一带一路”倡议论坛，以及“院士校园行”等活动上来自不同领域的精英的精彩演讲，内容涵盖交通、建筑文化、网络安全等多个方面。一篇篇书稿，无一不凝聚着专家、学者深邃的思想、先进的理念；一场场演讲，字字句句都是其智慧的浓缩。台上，是几十年如一日潜心致力于学术钻研、成就卓越的大师；台下，是求知若渴、思维活跃、潜力无限的莘莘学子。如此的学术平台，打造的必将是一场空前的学术盛宴，冲击思想，荡涤灵魂。

一直鼓舞自己要做一个有情怀的人，我想，“交大大讲堂”大概亦是我那一点点情怀中不可或缺的元素。令人欣喜和欣慰的是，“交大大讲堂”终将不再囿于经济领域，终将迈向更为艰深而宽广的天地；交大人已然将“交大大讲堂”做成了一项事业、一个品牌、一张名片。衷心地感谢所有为“交大大讲堂”打造成“品牌工程”而付出过努力的交大人；感谢所有登上大讲堂，不计酬劳的专家、学者；感谢活波可爱、勤奋上进的同学们！

希望本书的结集出版，让没能亲临现场的学生、老师乃至社会大众更好地了解学术前沿，领略大师的风采，感受时代的进步，交流思想，碰撞出智慧的火花。

最后，祝“交大大讲堂”不断开拓创新，越办越好。

目　录

邬江兴：中国工程院院士，国家数字交换系统工程技术研究中心（NDSC）主任，通信与信息系统、计算机与网络技术著名专家。此外，曾先后担任过"九五""十五"时期国家高技术研究发展计划（863计划）通信技术主题专家组副组长，"十一五"时期国家高技术研究发展计划（863 计划）信息领域专家组副组长、国家移动通信重大专项（第 3 专项）论证委员会主任、国家下一代广播电视网络（NGB）专家委员会主任兼总工程师、国家三网融合专家组第一副组长等职务。1997 年至 2009 年，担任亚太经合组织工商咨询理事会中国候补代表、正式代表，现任业太经合组织中国工商理事会副主席。

情景网络 SiFiNet

邬江兴

尊敬的各位院士、教授、同学们，大家好。很高兴能够到北京交通大学来谈谈我对未来网络发展的一些认识和思考，把我们最新的一些研究成果与大家分享。

我的题目是：情景网络 SiFiNet（situational section fitting network）。

第一部分我想先介绍一下 SiFiNet 提出的背景。近年来，国际上关于未来网络的研究方兴未艾，提出了 SCN、SDN、NDN、NN 等很多新技术、新概念，到底哪一个或者说哪一些代表了未来网络的发展方向？这需要时间去检验。抛开这些新概念，我们首先可以对互联网的发展进行综合回顾，通过回顾，大家可以发现两点信息：第一点是，互联网发展之路大体上可以分为三段历程，也可以称为三代，从网络 1.0 时代满足人—人之间通信交流的早期军事、科研型网络，到网络 2.0 时代出现以万维网、WWW 为标志的人—机的互联型网络，再到即将到来的以万物互联为标志的机—机互联的网络 3.0 时代；第二点是，传输协议、路由控制和转发方式这三大核心技术一直在支撑三代互联网的持续演进。进一步讲，如果我们从这三大网络核心技术发展角度去思考，可以发现：在传输协议方面，从 IPv4 发展到了 IPv6；在路由控制方面，从静态路由发展到动态路由及策略路由；而在转发方式上，技术进展却非常有限，仍是基于分布式存储转发的尽力而为转发方式，尽力而为是其核心特征。

尽力而为的服务方式，换句话说也就是 best-effort，就是一种很难有确定保障的网络服务方式。这种方式一直伴随互联网的发展，也使互联网发展一直伴随着一个“痛点”：用户体验（quality of experience，QoE）不好。这个问题不仅存在于我国，也存在于其他国家，可以说是全世界网络的一个痛点。数据显示，对互联网体验点赞的用户仅占 50% 左右，我觉得这个点赞数据在我们国家好像还要更低一些。在整个用户体验的生态链中，上网慢是最直观的感受。中国计算机健康调查显示，70% 的用户因上网慢求助。

用户体验差的原因是什么，大家都会说：因为网络提供的是尽力而为的服务。究其具体技术原因，则主要表现在两个方面：网络拥塞缓解无有效方法，网域内端到端服务保障无好用机制。

首先，我们来看网络拥塞的问题。网络拥塞是无法完全避免的，因为经济因素的限制，人们不可能构建 full-mesh 的网络基础设施，只能是所有用户共享有限的网络资源。有人认为这就像互联网的“公地悲剧”问题。这一问题虽然不可避免，但肯定是可以改善的。改善的方法在哪里？众所周知，运营商主要是通过不断扩容进行改善的，但运营商频繁升级扩容，却还是没能有效地解决拥塞问题，多项研究指出，骨干网络最大平均链路利用率不足 30%！可见，网络资源并不是不够用，单纯增加网络资源并不能很好地解决拥塞问题，应该从网络设计上来寻找问题的根源和解决思路。

这个问题出现的技术原因究竟是什么？第一个是路由控制技术存在的问题：互联网中数据传输单纯追求最短路径，这种简单的最短路径方式导致流量汇集，很容易造成网络拥塞，在这一方面上，复杂网络相关理论也已经给出了证明。第二个是传输协议上存在的问题：用户终端采用 TCP 的“慢启动、急刹车”方式传输数据，很容易造成“浪涌式”拥塞。以交通为参考，直线运动中所有车辆匀速行驶不会出问题，但当有一辆车急刹车后再慢慢加速，就会在整个通道上造成很多车辆迅速堆积，经过传导后车的堆积量会越来越大，这就出现浪涌式的“幽灵塞车”现象。可以看出，网络的两大核心技术——路由控制和传输协议的缺陷促成并加重了网络拥塞。

其次，我们来分析一下网域内端到端服务保障无好用机制。关于如何提供端到端的服务保障，始终是我们网络人的一大心病。大家在路由控制、传输协议方面都提了很多办法，包括提出了 QoS-based Routing、Pathlet Routing 等路由控制策略，提出了 IntSerV、DiffServ、Traffic Engineering 等解决方案，但似乎都没有很好的效果。

那么，如何解决这一问题？理想的解决思路是全网 coordination。英文的 coordination 同时具有协作和协调两层含义，应用到全网，就是既要求全网节点之间的协作，也要求协调全网节点的行动。可以通过全网域内所有节点协作，协调流量和传输路径，来减缓拥塞；也可以通过全网域内所有节点协作，协调网络资源和业务的适配，提供端到端服务保障。因此，理论上该方法是可行的，能够解决我们前面提出的两个问题。

如何实现全网 coordination？理想的方案是集中式方案，全网感知、集中控制、全域优化，但是这是很难实现的。现在网络是一种分布式网络，无法支持全网域 coordination，看似无能为力。我猜想更好的解决方案也许是一种混合式方案。只要有分布式的网络在，就存在着分布式协作、协调的问题。

那么，分布式网络如何实现全网 coordination，来解决前面提到的 best-effort 模式下资源利用率低、用户体验差等问题呢？这还需要网络人去探索。

第二部分我想讲一下群集运动与情景拟合。

以沙丁鱼的群集运动现象为例。上亿条沙丁鱼通过感知水流、温度等环境信息及邻居状态的变化、个体自主变化最终使得群体形态发生适应性变化；在遭受威胁时，仍能形成大规模有序的群集运动。这个现象很有启发，上亿条鱼也没有发生碰撞，并且行动非常有序，它们靠什么来保持这样一种群集运动呢？

大家再看看椋鸟，少数个体在发现觅食地或掌握归巢迁徙路线时，亦可引导整个群集运动，这是一种无领导的群集运动。我们不得不对这种生物现象感到敬佩，无论在什么时候，都没有看到哪只鸟相撞坠落，而人类的飞机倒是可能出现这种情况。科学家一直在研究这一问题。

群集运动给我们搞网络的人有什么启迪？首先从个体角度看，群集运动本质上是群体内相邻个体间的信息交互并自主决策，从而实现群体形态变化的过程。我们把它与网络类比，个体如果是网络节点、网元，是不是可以对应相应的信息？其次是个体具备基本的智能属性，即感知、决策和执行。群集运动的个体资源有限、智慧有限，但群体依然能够实现全局做到有序收敛，并不会出现“撞击”“踩踏”等现象。以角马迁徙为例，几十万甚至上百万的角马奔腾，旁边还有狮子和豹子不停地骚扰，它们却依然可以有序前行。最后是个体的调整结果向邻域的传递，通过这样的感知机制，使整体能够快速收敛。而从群体角度看，群集运动带来的核心启迪是一致性。所谓一致性是指多智能体网络的每个节点按照某种控制规则，相互传递信息，相互作用，随着时间的演化，网络中的所有节点的某个状态趋于一致。一致性就是智能体之间协作、协调控制的基础。

群集运动中，生物群体所呈现出的各种协调有序的集体运动模式，实际上是由分布式的个体之间相对简单的 coordination 交互产生的群体行为。这引发了我的一个猜想：能否在传统的分布式互联网，比如现在的互联网中，导入群集运动思想，在网络节点之间建立简单的 coordination 机制，然后来实现网络协调有序的群体运动模式？长期以来，我们想了那么多办法解决互联网拥塞问题，提高网络资源利用率，好像都不是太有效，那么是否可以在网络中引入群集运动思想，对这两个问题进行改善？从群集运动的自然现象、自然规律来看应该是可以实现的，这是我们猜想的本质。

这一猜想有丰富的理论基础支撑。控制学界对群集运动一致性的研究有着丰富的理论成果，包括各种一致性协议，像一阶连续一致性协议，它的一致性条件包括强连通的有向图或连通的无向图，以及二阶连续一致性协议、高阶连续一致性协议、离散一致性协议等，这里不一一列举。所以，若网络节点具备群集运动个体的智能属性，也就是感知、决策和执行，那么由于互联网本身具有的连通性就使其满足群集运动一致性协议的运行条件。

于是我给出了“情景拟合”的概念，即参照群集运动原理，用网络节点感知邻域节点及自身的当前状态，这种暂时状态我们称为“情景”，对感知的情景进行分析并依据一定的规则形成决策，驱动柔性网络资源执行相应的调整策略，并将这种机制向邻域扩散，自动实现网域范围内的群体目标一致性。这就是情景拟合，也就是 SiFi（situational section fitting）。

第三部分讲一下基于情景拟合的网络动力学机理。

我们提出了 SiFi 概念，那么，基于情景拟合的网络动力学机理应该是什么样的呢？这是我们想要了解的事情。在群集运动一阶连续一致性算法描述中，椋鸟个体通过感知邻近几只鸟的位置 $x_{i,j}$，依据 $x_{i,j}$和自身位置 x_i 及期望的距离 r_{ij}进行调整。群体中每个鸟都执行相似的调整策略，通过邻域扩散过程，使整体取得一致性。

我们把这个算法引入到网络里面，得到模式一——全网域带宽利用率的集群运动。若网络节点可以通过特定网络协议感知周围节点的带宽使用状态，就可以使全网带宽利用情况整体趋向最优，一个节点感知邻居节点的带宽资源实时利用参数 $\rho_{i,j}$，依据 $\rho_{i,j}$和自身情况 ρ_i 及期望 r_{ij}进行流量调整、邻域扩散。这是鸟类一阶运动放到网络里产生的结果。以交通调度为例，来反映网域内带宽利用率群集运动实现的效果。

原路径车流量大，拥塞严重；通过感知路况改换新路径，虽然新路径可能比原路径稍远，但是避免了堵车，可以更快地到达目的地。同样，情景拟合机制也可以使网域内流量趋向均衡，减缓拥塞。“不怕慢就怕站”，就是这么一个简单的道理。

还有模式二。在模式二的场景下，特定业务途径节点是一条线。借鉴刚才堵车的思想，直线运动时我们也有塞车的现象发生。为什么呢？车流量大时，若中间有车变速了，变速的过程中，前车减速后车就要跟着减速，后续所有车辆形成了连锁反应，最终就影响了交通。对于这样的情况，我们可以通过邻域感知机制实现上下缓冲，从而近似实现匀速率，直观地解决这个问题。核心问题是大家要遵守这个规则。在模式二的场景下，若网络节点可以通过特定网络协议感知其他邻近的带宽使用状态。本节点就可以感知后接节点的带宽利用，并据此进行提前减速，预先调整流速，缓解拥塞。

大家可能会问，这样调整带宽网络群集运动有效吗？美国数学家提出了交通拥堵的数学模型，并指出，在交通车流中，如果自动驾驶汽车能够提前预测并减速，就能够大幅度地缓解交通拥塞情况。所以，他们的数学模型给出的结果是，只要有 2% 的自动驾驶汽车，就能够减少 50% 的走走停停的情况。所以我在想，10 万辆自动驾驶汽车投放到实际交通中，就能够极大地解决交通堵塞问题。同理，情景拟合机制可以使全网域流量趋于平衡，减缓拥塞。

关于端到端服务保障，我们也可以通过情景拟合节点的调控来达成目的。用本节点感知前序节点的服务水平，据此和自身服务能力、期望的水平进行服务质量调整，这样通过全网扩散，就可以实现整体协同，达到满足期望时延的服务。

可以用用户满意度 MOS 传递模型来解释这一原理。在这个模型中，对于特定终端 MOS 需求服务链上的服务节点进行一致性调整，从而满足最终的端到端 MOS 需求。各个网络节点的能力和实时服务水平不一样，但是我们可以通过节点之间不同的余量进行拟合调整，最后满足端到端的服务质量要求。也就是说，情景拟合机制可以优化基于端到端的时延和丢包率的服务质量，不仅可以解决拥塞，还可以保证时延和丢包率。当然，网络和沙丁鱼不一样，所以业务聚类使得网络资源的调整需要根据特定场景进行特定的群集运动。

既然情景拟合需要感知，就存在一个问题：感知域需要多大才好。做到全网感知不可能，感知多了有困难，感知少了又达不到好的效果。理论研究表明，群体系统中的个体仅需与六七个邻居交互，即可使个体以最小的感知代价让群体获得较好的运动一致性，也就是说，我们并不需要做到全网感知，只需要感知六七个就可以了。

讲完这些，我们看第四部分，讨论一下情景网络在目前网络里面应该怎么体现。

具体而言，一个是节点架构，一个是网络协议。以情景网络的路由节点架构来看，它是在传统路由层次结构的基础上，在中间增加了一层情景拟合层，就像虚拟机一样，在操作系统之上加了一个 VMware，就可以实现情景拟合的交换节点。当然具体细节涉及路由控制环节的增量协议修改。

以情景网络的网络协议来看，我们给出了一个结构示意图。SiFiNet 协议应该位于传统网络通信协议的三层和四层之间，即网络层和传输层之间，由节点资源感知协议和认知决策协议构成，且这两个协议与网络层和传输层都有交集，不是截然分割的。

我们引入 SiFiNet 情景拟合思想，意在解开 best-effort 和最短路径的锈锁，直指网络资源利用率低下和用户体验差的痛点，开启互联网核心技术演进的新篇章。从这个意义上讲，SiFiNet 是互联网演进的一个新思路。

SiFiNet 的一个优势体现在部署上，它支持增量部署，而且，理论上仅需要部署不超过三分之一的情景拟合网元，就可以实现全网的服务整体优化，这是很动人的。今天韦总（韦乐平，中国电信集团公司科技委员会主任，原中国电信集团公司总工程师）不在，对于运营商来说，只需要最多更换三分之一的节点就可以得到全网优化，这一点应该很有吸引力。这也是有理论支撑的，复杂网络理论能够证明：对于无标度网络，最大仅需要不足总节点数三分之一的控制节点，即可实现网络协同控制，而互联网正是最典型的无标度网络，所以这是我们的优势，也给予了我们部署的信心。

我们把 SiFiNet 增量部署的场景用动态效果来表示，可以看到，每部署一个节点的 SiFiNet，就会对用户体验进行优化，当部署的情景拟合网元接近三分之一时，全网的用户体验将得到极大的提升。这种方式非常适合网络演进式部署，不必要掀起一场彻底推翻一切的网络革命。

那么，SiFiNet 的普适优势是什么？我想答案应该是：凡是非集中控制的分布式网络，在给定网络资源和拓扑关系条件下，即使没有精确的业务或服务分布模型，也可以通过有限数量情景拟合自动驾驶网元达成链路资源利用率和用户体验优化或最优化的目标。而且，只要是采用分布式，无论是天上网络还是地上网络，SiFiNet 都能达成用户体验和网络资源优化匹配的目标。

小结：我们借用一个思想——群集运动思想；用他山之石来攻玉，基于复杂网络控制、群体动力学、物理学、混沌运动与混沌控制等领域的成熟理论成果，提出分布式网络 coordination 解决之道，以及情景拟合网元智慧表达；开启因特网标准服务模式 best-effort 的革新局面；实现全网域、端到端范围内无模型或少模型服务的自动优化。

SiFiNet 可以改善网络用户体验、提升资源利用率，以全新的思路开启网络 best-effort 革新新局面，期待更多同行与我们一起交流、合作，携手推进未来网络无人驾驶的新梦想。

谢谢！

李幼平：电子学家。1953—1957 年在南京工学院无线电系学习，1957—1959 年在清华大学无线电系研修通信与遥测，此后在成都电讯工程学院担任助教、讲师。1964 年 10 月，被调往中国工程物理研究院，从事电子系统的设计与研究。20 世纪七八十年代，在解决我国电子学系统许多技术难题的过程中，李幼平获得多种奖励，其中包括国家科技进步一等奖、国家发明二等奖、国防科技一、二等奖多项。1988 年国家人事部授予他“有突出贡献专家”称号。20 世纪 90 年代，李幼平连任中国工程物理研究院两届科技委主任。1999 年 10 月获香港何梁何利基金技术科学奖。1999 年当选为中国工程院院士。

“天帮地”的网络战略

李幼平

大家好！

今天我讲的是“天帮地”的网络战略。习近平主席出了一个比较难的题目，叫作“一体两翼”。什么叫作“一体两翼”？就是希望科学家出一个主意，将国家网络安全和国家信息化这两个目标协同起来。这个事情比较难，现在很多专家在网络安全上提出了很多见解。习主席出的题目是如何落实“一体两翼”方针，就是希望采取一个措施，既有利于国家网络安全，又有利于信息化的推进，要二者相协调和协同。

我们有三个院士（即李幼平院士、丁文华院士、陈士刚院士）得出一个结论，我今天代表三个院士跟大家讨论一下，就是要动用国家的卫星来解决这一点，通过天基卫星网实现“一体两翼”的思想。天基卫星可谓“一夫当关”。“一夫当关”从政治角度理解就是希望有“一夫当关”的机制。从拓扑学或几何上来说，就需要造一个星形的拓扑结构来解决问题。

要解决国家网络安全问题，首先要帮助地面互联网。地面互联网是人类20世纪的一项伟大的发明，它有一些靠它本身的机制比较难解决的缺陷，其中就有网络安全。我们目前没有找到一个能依靠IP机制来解决网络安全的方法。网络安全问题，全世界有一个共同的经验，就是通过注册来管理。所以我们希望通过天基卫星，有一个“一夫当关”的星形的拓扑结构，通过注册实现内容的依法管理，这是对网络安全的贡献。

怎么对信息化做贡献？可以通过路由最优控制进行辐射复制；当然还有一个办法，我们通过热力学一点对多点的辐射概念来改变现在网页的生产方式，做一个大批量生产的生产线。因为一个卫星一旦广播，用户接收到并保存下来，就可以得到服务，这样就满足了信息化共享流量的要求，以后信息化流量一定是无尺度增长、指数率增加，这是我们的理想。

这种理想包含中国古老的战略智慧，符合《孙子兵法》中“不战而屈人之兵”的战略。中国在制造第一颗原子弹时，就说中国不首先使用核武器。对网络社会来说，中国政府也有一个智慧，就是反对一切形式的网络攻击，这两个思想我觉得是一致的。落实我们党的智慧和古代先贤的智慧的办法就是所谓的 UCL 代码，在地面形成一种环境，一种能够感知，感知以后能阻断、能拒绝网络供给的全国性的免疫环境。

UCL 是何许代码？UCL，是英文“统一内容标签”的缩写，这是一个字长很短的数据包，长度只有 1 kb，它是一种人工纠缠代码。纠缠代码最近在新闻界讲得比较多，潘建伟院士提出“量子纠缠代码”的概念，大家听了很多。我这跟潘院士不大一样，我提的是“技术人工纠缠代码”，不是“量子纠缠代码”，我们是通过电子学方法实现的，属于技术人工纠缠代码。纠缠代码字长是 1 000 Byte（字节）。这里有几个代码我解释一下，一个叫作“语义信息”，这实际上是 16 Byte 或 32 Byte 的 UCL 控制代码。这里有一个 6 Byte 的时序号，因为时间只能增加不能减少，所以时序号可以按照时间做标识。每一个网页的分钟、秒钟、毫秒、纳秒可以来区分不同唯一性的网络代码。还有一个代码叫作“管理信息”，语义信息是标题摘要，管理信息就是指纹代码。纠缠和牵连在英文里可以用一个单词表达，牵连什么？牵连人、事、物、时、地，这几个数据都需要真实的人、真实的事物、真实的东西。我们抽象地讲，叫一个小盒子，而且要有时间、有地点，时间、地点现在已经有一个物理牵连的对象，就是 GPS 或我们的北斗卫星导航系统都可以提供位置和时延的数据。UCL 代码就是人工纠缠代码，就牵连着人、事、物、时、地五个要素。

这五个要素是20世纪网络行为的要素，把它们牵连在一起，可以与HX指纹算法相结合。传输过程中如果有人攻击我，哪怕改一个标点符号，这个算法就垮塌了。量子学里面有一个“垮塌”的概念，我用电子学办法来做光量不容易，但是用UCL代码很容易。大家用普通的技术来感知，一旦感知就可以阻断。

中国政府反对一切形式的网络攻击。网络攻击总是要改变内容的，一旦有人改变内容，哪怕是一个标点符号，也能被我们感知并拒绝，这样就达到不被攻击的目的。我们用现代的科学技术来继承老祖宗的战略智慧，突显了主权意识。

这两年我们办了两件事儿，一个是组织院士小组提交了一份叫作“国家第二网络发展战略文本”的报告，另一个是我们组织了一个实验平台。院士小组由三个人组成，鼎鼎有名的丁文华院士大家都知道，他是中央电视台的总工程师；另外一个是我李幼平，负责工程设计；还有一个是陈士刚院士，负责理论设计。我们多少懂得一点物理学的知识，想通过类似于张宏科老师的创新概念，通过标识、标签来做UCL包，用“天”来帮助“地”。这里对互联网有一个请求，因为互联网现在太伟大了，我们只能请求它敞开胸怀。核武器包括原子弹和氢弹，原子弹是主结构或原创结构，氢弹是次结构。我想网络里面是不是也有主结构和次结构。我们把现在的IP网称为原创结构、第一结构，而我们想做的“天基网络”是次结构，主次要分明。互联网能接受天基网络，做它的助手和次结构，这样才有可能做到在确保国家主权的前提下，加快国家的信息化进程。

这是个理想。谁来做实验？理论物理学家对实验物理学家是非常尊敬的，要实现这个理想，就要搞一个“天帮地”，叫 TBD 1.0 平台。谁来做？就是中央党校的大有实验室。中央党校就在大有路，所以实验室名称就叫大有实验室，我们三个院士提出理论，大有实验室来做实验，它依靠我们“天帮地”的代码实现全国互联网的免疫治理，也就是说通过卫星辐射和终端存储，改变现在网页的个案生产，实现大批量生产。大批量生产即低成本、大批量地生产网页，在全国城乡实现两个突破，一个是共享不限人数，一个是建立卫星的实验链路。共享内容辐射有个特点，就是用户之间没有纠缠，大家看中央电视台的节目，没有我看影响你看、你家看什么台我家不能看的情况。鉴于现在网络转发协议存在纠缠不清的问题，我们就干脆实现共享不限人数。共享不限人数是信息化的突破，网页依法治理是国家安全的突破，大有实验室说有可能做到。这个实验 2016 年基本已经结束工作了，建立了卫星的实验链路。2015 年习近平总书记在世界互联网大会上提出“共享共治”的互联网要求，这样就实现了“一体两翼”。

人类可能进入后万维网时代。在 21 世纪初，就有人议论，说万维网后面会不会有一个后万维网。2015 年，我们工程信息协会的老主任李国杰院士提出一个很重要的概念——信息社会。信息社会的本质是信息成为普通商品。2020年以前，基于“天帮地”和大有实验室，清华大学团队说他们有可能开发出一个叫UCDN的产品，CDN大家知道是“内容分发网络”，是架构在现有的主结构之上的添加型的设备，它的存在不影响主结构的任何东西，它可以减少跳数。在CDN上加个U，U就是天，它这个“不拥堵”的机理可以惠及每一个用户。一个卫星就够了，全国100万人可以收到，1亿人、10亿人也可以收到，实现共享不限人数。那就有这样一种结论：信息生产可以工业化。现在的信息生产是靠URL实现，我需要把URL嵌入互联网中，目前为止，拥堵就是由个案生产造成的，如果是工业化生产，甚至是后工业化生产、辐射复制生产，就没有拥堵，它的生产真正实现了大批量生产。

目前，中国的工业化生产正在实现信息化，但是非常遗憾的是中国网页生产仍然停留在个案生产的URL阶段，不是大批量生产的UCL阶段，所以核心就是代码，核心就是张宏科老师研究的“生产标签”这个概念。

我们的想法不一定对，但有可能做出全球最大、最快、最省、最安全的网页生产线。为什么说最快？因为网页一旦产生，从编辑部一出来，就被卫星传到全国，进入家庭后就被家庭存起来，想什么时候看就什么时候看。现在光纤本身损失的量很少，所以最省。最安全就是刚刚说的所谓的免疫能力，每个用户都可以获得国家为他带来的免疫能力，这样就可以建立起全球最大、最快、最省、最安全的网络生产线来。这样李国杰院士说的信息就可以成为普遍的商品，人类有可能步入后万维网时代。之前，这仅仅是我们三个院士闭门造车的想法，但是今天更重要的是大有实验室帮助我们实现了想法。我们明年希望能申请到国家资助，把这个项目做得更大、更好。

“天帮地”对第一网络——互联网所有的变革都不加干预，因为我们是添加型的。邬江兴院士很厉害，张宏科老师也很厉害，我们只是帮助你们，属于次结构，是助手、帮手，希望网络界的专家敞开胸怀接纳“天帮地”，我就说到这里，谢谢大家！

程泰宁：建筑学家，中国工程院院士，东南大学教授，东南大学建筑设计与理论研究中心主任、中国联合工程公司总建筑师、中联筑境建筑设计有限公司法定代表人。1991 年被人事部授予“有突出贡献中青年专家”称号，2000 年被评为中国工程设计大师，2004 年获中国最高建筑奖项“梁思成建筑奖”，曾经参加过多个国家和海外重大工程项目，包括人民大会堂、南京长江大桥桥头建筑、杭州铁路新客站、加纳国家剧院、马里国会大厦等重要建筑。

文化自觉引领建筑创新

程泰宁

非常高兴到北京交通大学跟大家做沟通。我还在一线工作，平常的事确实比较多，但是到学校和同学们一起交流这样的活动，只要有机会，我就尽可能地参与。中国建筑的未来在同学们身上，我很希望把我自己的思考和大家交流、共享。

我今天演讲的题目是《文化自觉引领建筑创新》。

这个题目很大，我想讲演分为两部分。第一部分简单和大家介绍一下我对这个问题的观点，第二部分则讲一讲我所做的建筑——这些设计也能够反映我的思想。

为什么说“文化自觉引领建筑创新”？我的观点有以下三个方面。

一、价值判断与评价标准的同质化、西方化是建筑创新的思想障碍

1. 改革开放三十多年来，我国城市面貌发生了巨大的变化，在一座座高楼拔地而起的同时，如何延续并创新中国文化特色的问题，已日益凸显出来。一个众所周知的情况是：近二十年来，西方建筑师垄断中国高端设计市场已成为一道世界罕见的奇特风景，他们的作品及大量跟风而上的仿制品充斥我国大江南北。“千城一面”与中国特色缺失已引起国内外舆论愈来愈多的关注和诟病。

一位国外同行最近说，中国的城市建筑毫无自身特点，中国建筑设计亟待考虑环境，否则就是毫无疑义的复制品甚至是垃圾。讲得比较刻薄，更讽刺的是，竟讲到了点子上。其实不但在建筑媒介，而且在国内外大众媒体上也经常可以看到此类议论，只是没有这么尖刻、直白罢了。《纽约时报》前一段时间登过一篇评论文章《美国建筑师在中国实现美国梦》，你看我们要做的是中国梦，美国建筑师却在中国实现美国梦。

“千城一面”和中国特色的缺失，反映了当前建筑设计领域中的诸多问题，但我更愿意把它看作是一种社会文化现象。而价值取向和评价标准的同质化、西方化，则是产生这种现

象的根本原因。当我们面对“什么是好的，什么是不好的”这样的问题时，往往用西方的价值取向和评价标准生搬硬套，缺乏自己的标准和评价，这是很大的问题。

2. “五四”运动以来，中国文化破旧未能立新。在中国现代文化未能形成自己体系的情况下，人们习惯性地接受强势的西方文化影响，不自觉地把西方的价值取向和评价标准作为我们自己的取向和标准。在文化交流碰撞中，东方文化或是中国文化的失语，是文化领域中一种颇为普遍的现象，这在文艺、科技及建筑领域中表现得尤为突出。举个非建筑的例子，我记得前两年，有一个大片叫《阿凡达》，在美国上映后好评如潮。彼时中国还未上映该片，报纸上就已连篇累牍地描写《阿凡达》水平之高、质量之好。但是不久后，奥斯卡颁奖，《阿凡达》却没评上最佳影片。学院派评委认为《阿凡达》片子只重技术，却不重人性和思想。此时中国媒体又一窝蜂地觉得《阿凡达》不好。我看到这种消息，真是觉得蛮好笑的。自我的评价体系和判断缺失，导致人家怎么样说我们就怎么模仿，这是很大的问题。影视、文学等存在这样的问题，建筑也同样。以建筑创作而论，多年来，西方流行什么，这里也流行什么：“现代”“后现代”都曾经风行中国，在当下，则是以“消费文化”作为载体的西方后工业社会文明价值观深刻地影响我们。景观空间、图像化建筑，吸引了不少人的眼球，“非线性”“超三维”又成为一种时髦。

在建筑创作中唯西方马首是瞻，以他人之新成己新成为我们的惯性思维。价值取向同质化、西方化在中国已蔓延成一种集体现象而不自知，这令人感叹，也使人无奈。一线建筑师常常会面对这样的尴尬，特别是碰到一些领导。有些甲方找我做设计，听说我做中国建筑做得还不错，做着做着，他就讲在国外看到什么建筑，能不能按那个来做，我从心底是拒绝的。

有件事在这儿讲不知道合适不合适，我们公司最近在参加西安交大的投标，他们叫我参与设计。这次招标直接表明要欧陆式，我不想参加，就交给了其他同事，后来也中标了。但我心里一直有疑问，现在怎么搞欧陆式呢？甲方有一个理由，上海交大是欧陆式的。其实并不是，我家在上海交大附近，我小时候经常去，上海交大门头是纯中国的东西。其实随着时代的发展，我们的眼光更现代，看待一些现象也应该更全面。校园本身是很多元的，把七八十年前的“风格”作为好的、不可逾越的强加其上，我觉得蛮可惜的。但这从一个侧面可以看出，在现在，我们依旧缺乏一种文化自觉与自信。

3. 近年来随着中国的经济崛起，在文化界包括建筑界谈论中国特色的人多起来了，但是事实是赶时髦者众，认真思考者少。什么是“中国特色”？这在很多人心里仍然是一个疑问。甚至在科技界，至今仍有人认为中国文化是科学技术创新的障碍。上海《文汇报》登了一篇文章，大意是科技创新要警惕中国传统思想的影响。将中国文化等同于封闭保守的认识，经常在不自觉中表现出来。中国的经济崛起不等于文化崛起，文化的路在何方？对于很多人，当然也包括一部分建筑师来说，这是工作中时常自我拷问的问题。这个问题已经出现百年了，我觉得并没有真正地解决。

4. 价值取向同质化，再加上体制上的诸多原因，使得不少建筑师一直在看领导和开发商的脸色做设计。丹纳在他那本著名的《艺术哲学》中说过，群众的思想和社会风气的压力给艺术家定下一条发展的路，不是压制艺术家，就是逼他改弦易辙。领导和舆论如果被同质化的文化导向和低俗审美趣味裹挟，会使得一些有思想的中国建筑师在创作中步履维艰，他们的中国文化之探索就很难得到社会的充分认同。应该说，当前创作环境十分不利于建筑创新。因此，我认为，要改变价值取向同质化所带来的“千城一面”和文化特色缺失的现状，一方面需要中国建筑师的自觉、自强，另一方面也需要引起全社会，特别是各级领导和媒体的关注和反思。

我心里有一点高兴的是，这十几年来，整个建筑界的风格在变化。在 2011 年我做过“当代中国建筑设计现状与发展策略”专题，全国 4 个学校，包括清华大学、同济大学、南京大学和东南大学一起，在南京开了一次论坛。我觉得，建筑师老是关着门讨论学术问题，老是在象牙塔里面是做不好事情的。所以我们做这个论坛的时候，除了专业人士以外，还请到了跨界的学者，还有很多媒体也都参加了。后来新华社发了一个专访，用两个整版篇幅报道了这次论坛。价值判断和评价标准同质化的问题是一种思想障碍，我们的问题是怎么样把思想障碍破除掉。

二、文化自觉、自信，是建筑创新的前提

1. 中国文化好在哪里？西方文化好在哪里？中西方文化可不可以共生呢？要真正有一些认识，就要将自信建立在自觉的基础上。我的题目中提到了“文化自觉”，没有自觉讲自信是空的，必须得有自觉，然后自信，有了文化自觉、自信，我们做创新就有了思想基础。

价值判断同质化、西方化与对中国文化缺乏自觉、自信是一个钱币的两个面，它反映了我们对中西文化缺乏真正的了解，也反映了我们对世界文化的发展趋势、对中国文化的发展趋势没有清醒的认识。因此，不是说自信就能自信的。我们要对中西文化的历史、现在和未来发展有一个基本的思考和把握，并在此基础上建构自己的历史文化观。这对于建筑创作尤为重要。

首先，我们需要动态全面地理解中西文化的发展历程，从中国的历史来讲，“天不变道亦不变”的思想表现了传统文

化封闭保守的一面，以致严重阻滞宋元直至近代社会的发展。但是我们也应看到梁启超所说的“孔北老南，对垒互峙，九流十家，继轨并作”这种多元开放的格局也一直支撑着中国文化的前行。中国文化是复杂的，不是单一的，中国文化的前进，离不开思想支撑。事实上中国的传统文化是多元走向、动态发展的复杂系统，在漫长的中国文化发展过程中，产生过极为丰富、极具活力的哲学思想，至今仍闪现它智慧的火花，给全世界的科技文艺创新以重要的启迪。

东方文化历来对世界科学技术的发展有很大的作用。日本第一位诺贝尔物理学奖得主汤川秀树先生曾在《创造力与直觉》一书中专门论述东方思维——直觉对科技创新的特殊作用，并以很大篇幅阐述庄子的思想对他的研究所产生的重大影响。我也常说，现在很多人欣赏西方建筑师的创造能力，其实这种创造力并非西方人所独有，两千多年前庄子《逍遥游》所表现出来的天马行空般的创造性思维不仅令中国人，也令现代西方人惊叹不止。当达·芬奇还在研究透视、伦勃朗还在为光影效果苦苦探索的时候，“青藤”[①]“八大”[②]已经超越时空，把人们引入了无限广阔的心灵世界。明末清初时，抽象画就有很好的造诣了。实践证明：只要我们调整心态，

① 青藤道人，名徐渭，中国明代文学家、书画家，明中后期大写意代表人物。

② 八大山人，名朱耷，清初画坛“四僧”之一。

在现代语境下对中国传统文化进行认真的深度发掘，我们就会找到过去从未发现的思想闪光点，为我们构建新的中国建筑文化提供有力的支撑。只看到中国传统文化消极的一面、低估以至否定其文化价值是片面的，也是不明智的。有好的东西，不学不用，我认为是不理智的。

反观西方，“以分析为基础，以个人为中心”的西方现代文化推动了西方社会的快速发展，也极大地影响了世界文化的走向。但历史上没有一种文化能永远对社会发展起促进作用。“以分析为基础”，是否也应该强调综合；“以人为中心”，走过了头，是否会造成人与自然的对立，影响可持续发展，造成人对物质无止境的追求，引发越来越突出的社会矛盾？事实是，经历了两百年的发展，这些问题已经凸显出来。对这些问题，以及对世界文化的未来走向，中西学者都在思考，不仅中国不少学者对未来中国文化的发展有十分清晰的分析评述，一些西方学者，在摆脱了“西方中心论”的影响后，观点也有所变化；弗里德曼说“世界是平的”，但他同时也说“在趋平的世界平台上虽然有将多元文化同质化的潜能，但它却有更大的促发文化差异性和多元性的潜能”。可以吸收西方的文化，包括美国的，包括欧洲的，也包括阿拉伯文化，互相促进、发展，会产生新的东西，差异性和多元性，在全球的形势下，在经济全球化的背景下，并不等于文化是同样的。亨廷顿更明确承认：“没有普世文化……世界正面临非西方文化的复兴。”从根本上来讲，世界文化的多元化是日益发展进步着的人类的共同要求，也是文化发展的客观规律。

3. 我们应该看到，当前这个世界，东西方文化正在重构，我们只有在这样一个文化大背景下思考中国现代建筑的现状和未来发展，才有可能走出价值取向同质化、西方化的怪圈，使我们有一个更为开阔的视野，坚定地建立对自己文化的自觉和自信。

三、立足自己，在跨文化对话的基础上实现中国现代建筑的创新

中国现代建筑的创新基本点是“立足自己”。但是，“立足自己”不是自我封闭。相反，在全球化语境下，我们需要对中西文化进行全面、深入的比较和思考，互补共生、相辅相成，立足自己、转换提升，从而实现我们的理论创新和实践创新，即“各美其美”“美人之美”，看到别人要赞扬他、学习他，同时也要发掘自己的美，自己一些好的地方，实现跨文化发展，这是一条现代建筑发展创新的必由之路。当前重点需要关注以下三个问题。

1. 从建筑本体出发解读西方现代建筑

观点一：西方现代建筑是一个充满矛盾的多元综合体，有益的经验和思想常常包含在观念似乎完全相反的流派之中。

因此，把一个时期、一个流派看成是西方建筑的全部，既不符合事实，也对创作有害。年轻学者接触到的是后代和现代的东西，比如我们看到的电影、建筑很多都是现代的，实际上我们就讲西方文化也不是当代建筑能代表的，西方文化也是多元复杂的，而且也有悠久的文化传承。如果说把西方建筑或者文化看成是当前一个流派能代表的话，肯定也不是事实，而且对我们的创作是有害的。

观点二：要向西方多元化的建筑流派学习，学习他们在形式上的创新精神，但更需要学习西方现代建筑重视理性分析的传统。在 20 世纪 70 年代的时候，詹克斯说“西方现代建筑已死”，代之而起的是后现代建筑。西方现代建筑死亡没有？我认为实际上没有，为什么呢？——西方现代建筑思想和手法现在都还在用。西方现代建筑有一个很好的传统，重视理性。当然有些可能过头，功能决定形式，但是重视理性分析的传统，还是值得我们学习的。这是一个具有普适价值的传统，这对于我们建构有中国特色的建筑理论体系，对于我们的建筑创作至关重要。这么说可能有点多管闲事，但西方建筑发展到现在，的确也需要回头看看。

观点三：近几十年来，西方由工业社会进入以“消费文化”为表现形式的后工业社会，以“语言哲学”和“形式美学”为导向，在其文化中出现了一种从追求本源逐步转而追求“图像化”的倾向。有法国学者认为，西方开始进入一个

“器官的社会”，一个“外观”优于“存在”，看起来“像什么”优于“是什么”的社会。在这种社会背景下，艺术中的反理性思潮盛行，有些艺术家就认为“形式就是一切”“只有作品的形式能引起人们的惊奇，艺术才有生命力”。他们甚至认为“破坏性即创造性、现代性”。对于此类哲学和美学观点对当今西方建筑、中国建筑所产生的影响，特别是对整个现代中国文化发展产生的影响，我们要有清醒的了解和认识。也许，和世界一样，建筑是矛盾的、复杂的、混沌而又不确定的，但如何来应对这种现象呢？建筑不是纯艺术，更不是一种“被消费”“被娱乐”的目的物，建筑创作只有从建筑本体出发，从一种社会责任出发，才不致失去它的魅力和价值。对于西方现代建筑，不要只看外表，还要看它的所谓先锋的思想。西方建筑也是一个矛盾体，要学习西方现代建筑的理论和传统，要看到西方现代建筑当前发展的哲学思想和美学思想特点。

2. 在现代化、全球化语境下解读传统

不在这个语境下解读传统，我个人觉得是很幼稚的。

观点一：对于中国建筑师来说，传统与现代，似乎是一个难解的结。在创作中如何借鉴传统，已成为我们长期以来挥之不去的困扰。其实，从根本上说，现代与传统是两个完全不同的时空概念和文化概念，传统将随着社会的发展而延续，但当它与现代社会发展相契合时，传统文化已升华为一种新的文化。现代中国文化源自传统，又完全不同于传统。以建筑论，脱离了现代的生活方式、生产方式，特别是现代人的文化理想和审美取向，笼统地讲传统，是没有任何意义的。不了解这一点我们就走不出“传统”的围困。

观点二：那么，如何借鉴、吸收传统呢？我认为：中国传统建筑作为一种文化的形态，应作多层次的、由表及里的理解。即形、意、理。

形：形式、语言。学建筑的同学，对“语言”二字非常熟悉，模式语言、非线性语言、数字语言等。形式是表层的东西。“言以表意”“形以寄理”，说清了“形”与“意”“理”之间的关系，因此，作为手段，形式语言的表达应该是多样的，并随时代不断变化。它是一个工具，而不是本质的东西。

意：意境、心境。一种东方的创造性思维和审美理想。这是我们需要关注的。如果说中国建筑师有什么先天优势的话，我认为在这一点上，我们比西方建筑师多一点长处。

理：哲理与文化精神，建筑创作之“道”——境界。在创作中，不拘泥于一家一派，从中国的实际出发，在现代语境下，以“抽象继承”认知模式来吸收和借鉴传统，可能会有更广阔的空间。建筑创作如此，其实科学文艺亦如此。抽象就是责任和文化，这话不是我讲的，而是大哲学家讲的。

观点三：因此，我不太欣赏“中国元素”“民俗特色”这类提法。我们所说的“道”，即现代中国文化精神，应该是一种既有独特性、又有普世性的价值体系。只有承载着这种价值体系的中国建筑文化，才能为世界所理解、所尊重、所共享；也才能真正与世界接轨，并且在跨文化对话中取得话语权。

3. 传统不等于中国，现代不等于西方。我们的目标是在跨文化对话的基础上，探索现代和中国的契合，寻找中国文化精神，力求在创作中有所突破和创新。这是一个很有挑战性的过程，我国有不少建筑师已经从不同方向作出了自己的探索，值得关注。

在不同文化交流、融合后，世界文化将更为丰富多彩。

究天人之际，通古今之变，成一家之言；究天地人文之际，通古今中外之变，成建筑一家之言。做建筑师应该懂得历史和文化发展过程，而且懂得过去，也懂得现在，懂得中国和外国，这样的话，自己才能得到创作上的自觉，才能有一种自己的语言。

今天我就讲到这儿，谢谢大家！

郭小碚：国家发展和改革委员会综合运输研究所研究员、前副所长，国务院政府特殊津贴专家。历任国家发展和改革委员会综合运输研究所处长、副所长。研究方向为综合运输发展问题，包括交通运输发展战略、规划、政策和集装箱与多式联运，重点为运输组织与管理问题。主要著作有《中国城市及城际轨道交通发展与规划》《“十一五”时期中国经济社会发展若干重大问题研究》《1996—2050 年中国经济社会发展战略——走向现代化的构想》《现代综合交通运输体系建设研究》等。

“一带一路”倡议下的交通构想

郭小碚

祝贺北京交通大学建校 120 周年!

在此，我把个人对“一带一路”倡议的认识及主要的观点向大家报告。

一、“一带一路”是我国新形势下的国家构想

在我国经济社会发展的新形势下，中央提出了国家三大构想，即“一带一路”之国际化构想，形成面向世界的一个面；京津冀一体化协同发展战略构想，实行两市一省综合规划与发展的一个点；长江经济带之国家区域战略构想，构建

横贯东、中、西部地区的一条线。其中，“一带一路”是我国进一步走向世界、提升我国的国际地位、发挥我国在世界上的作用的重要倡议。

“一带一路”发端于中国，贯通中亚、东南亚、南亚、西亚乃至欧洲部分区域。“一带一路”东牵亚太经济圈，它是20世纪后半叶开始起飞的当代世界上最具活力的经济体；西系欧洲经济圈，它是自19世纪后期开始发展的世界上最为成熟的经济体。“一带一路”构成了世界上跨度最长的经济大走廊。

“一带”指的是“丝绸之路经济带”，它从中国出发，有三个走向，一是经中亚、俄罗斯到达欧洲；二是经中亚、西亚至波斯湾、地中海；三是向南、向西延伸到东南亚、南亚、印度洋。“丝绸之路经济带”的交通连通主要依托和利用铁路，这不是说公路不重要，而是对于长达上千公里的运输距离来说，铁路固有的技术经济特征决定了铁路应该是“丝绸之路经济带”的主导方式。

“一路”指的是“21世纪海上丝绸之路”，重点方向有两个，一是从中国沿海港口过南海到印度洋，延伸至非洲、欧洲，这是传统的外贸运输通道；二是从中国沿海港口过南海到南太平洋，到东南亚各国乃至澳大利亚、新西兰。另外，还有一个方向是面向东北的日本、韩国和俄罗斯远东地区，还有一个目标是经白令海峡、北冰洋至欧洲，形成东亚至欧洲的海上第二通道。“21 世纪海上丝绸之路”的交通连通重在港口及其腹地的布局，一是要扩展通达港口和海上航线，提升海上运输的全球覆盖范围，尤其是要积极拓展目前还没有开通的港口和航线，或运输能力不足的港口和航线；二是加强重点区域或国家的海上航线，选择重点停靠的港口，以辐射重点港口与航线的内陆腹地。这些应是我们建设“21 世纪海上丝绸之路”需要考虑的。海上运输仍然是国际贸易中货物运输的主要方式，加强海上运输是扩大对外开放、实施国际化战略的重要措施。

我们的宗旨是以交通为先行，以互联互通为基础，通过建设便捷通畅的交通系统，实现“一带一路”沿线国家的紧密合作。

（一）“一带一路”连接亚欧非大陆，是我国面向世界经济发展的新高地

“一带一路”首先是贯穿亚欧大陆，连接了世界上最活跃的东亚经济圈与最发达的欧洲经济圈，并延伸到正在发展的非洲大陆。目前，陆路与海路已经可以连接亚欧两大经济圈，而且通过海路实现亚、欧、非三大区域的通航，把亚、欧、非都连起来了。

“一带一路”倡议是我国面向世界经济发展的新高地，是

构建世界经济增长的新格局和新版图，也是我国走向未来世界的先手棋。首先，我国现在主要的经济贸易关系是通过海运建立与北美及欧洲各国的联系。但是，广袤的亚洲内陆腹地——中亚地区，不临海，而且在经济上还相对不完全发达，这是目前和未来一段时期内最大的市场和经济增长点。其次，可以说在20世纪末中国崛起，连同先前发展的日本、韩国，形成了环太平洋的大经济版图。着眼当下可以看到，我国进入新的发展阶段，经济增长速度将保持在6%上下的中高速水平。而环印度洋则有可能成为世界新的经济增长点。比如说印度，2015年印度的GDP增长速度超过了我国，虽然2016年略低于我国，但按照国际上的经济发展规律，我国经济增速将处于由高速向中高速转变阶段，印度则处于由中高速转向高速发展阶段，印度将成为环印度洋经济发展的领头羊。由南亚地区、中东地区、东非地区共同组成的环印度洋地区也是未来世界经济发展的一个亮点。"一带一路"倡议符合并把握了大的战略格局。

（二）"一带一路"是我国新发展阶段的国际化倡议

"一带一路"是我国新发展阶段的国际化倡议。我国从20世纪80年代开始实行改革开放，首先是引进国际资金和先进技术，提高了我国生产加工水平和满足了国内消费需求；继而实行“引进来”与“走出去”并重，在继续引进国际资金和技术的同时，将我国优势产业扩展到国外；到现在，我国更强调“走出去”的大战略，促使我国产业到世界上进行竞争，我认为这就是“一带一路”的国际化倡议要考虑的或者说要把握的。“一带一路”的核心思想是我国的产业“走出去”，经过新中国成立近 70 年、改革开放近 40 年的发展，我国形成一大批生产力，随着经济发展阶段的变化，许多有优势的产业可以走出去，让产能走向世界，让中国经济走向新的阶段，融入世界经济的大格局里。纵观世界历史，发达国家都走过这条路，即使后来发展的东亚地区如韩国，一开始是引进，随着产业水平提高，最后又实行“走出去”策略。

二、“一带一路”倡议下国家合作的主要内容

按照中央政策的愿景，推动“一带一路”提到了“五通”——政策沟通、设施联通、贸易畅通、资金融通、民心相通。其中的设施联通，重点是指建设以国际骨干通道为重点，连接各区域的基础设施网络。没有这个通，其他的通都谈不上。人要靠此联通，货物也要靠此联通。

实现交通先导，是设施联通重要的内容。加强陆上运输和海上运输，为我国提供走向全球的基础条件。同时，希望

“一带一路”沿线的国家都能够搭上顺风车，这是一个大的思想，合作互利、共同开发。

（一）“一带一路”倡议对交通互联互通的基本要求

对于“一带一路”倡议下交通互联互通的要求，一是设施要联通，一种情况是没有设施，这样联通就谈不上；另一种情况是设施是有的，但由于标准、制度等种种原因不畅通，联通存在障碍。二是机制要联通，国际机制是保证联通的重要内容，从某种意义上来说，机制是决定性的。光修了路，最后机制不行，还是通不起来。基础设施的互通、服务设施的互联、运输制度的互融，这是很关键的。

（二）“一带一路”倡议下交通互联互通的主要任务

“一带一路”倡议下交通互联互通的主要任务：一是建立通道，特别是打通缺失的路段，提升运输通道的通达水平，构建国际运输制度。重庆市市长黄奇帆为了解决中欧班列的亚欧通路问题，亲自带队沿丝绸之路、亚欧通道走了一趟，与沿线国家深入商量了运输规则和运输管理制度上的问题，这些问题都可能是影响“一带一路”交通互联互通的大问题。二是口岸通关、换装问题，如我国的铁路管理制度与沿线国家不一样，甚至铁轨轨距与原苏联联邦制下的国家都不一样；

港口方面也正处于一个初期的紧密合作阶段，如我国开始在国外购买港口的股权，也是为了更好地开展运输服务，提高运输服务的竞争力。当然，国际合作的内容既有海港也有空港，空港又涉及航空航线和航权的问题，这些也属于互联互通的内容。

三、“丝绸之路经济带”是国家综合战略

“丝绸之路经济带”是国家综合战略，是实现我国西向发展和“走出去”面向世界的战略。丝绸之路经济带不仅是一条带，还包括了一个非常宽阔的范围，从中亚地区、西亚地区到中东地区、欧洲地区，以及部分非洲地区，涉及超过2 000万平方公里的面积。如果把这条带看作是广大的市场，其中的几十个国家，比如说西亚和非洲各国，都是未来的经济增长点。

丝绸之路经济带应形成一个便捷的综合运输大通道，其中迫切的发展方向是解决中亚的经济和交通问题，这既涉及市场问题，也涉及通路问题。中亚地区只能通达陆路运输，而这一地区有十分重要的经济产业和发展需求，同时也是丝绸之路经济带的重要运输通道。我们设想，沿着丝绸之路经济带南北沿线展开，形成一个贯通亚欧大陆交通走廊的经济发展带，从东亚到欧洲，变成一个大的经济区域。

连接亚欧的运输走廊可以有三条，即传统的亚欧大陆桥

或称西伯利亚大陆桥，经过蒙古、俄罗斯连接欧洲，它应不仅具备现有的交通走廊功能，还应发展其经济功能，形成中蒙俄经济走廊；新亚欧大陆桥可以视为亚欧通道的中线，从中国的连云港向西，延伸到中亚，还可以连到西亚的部分，最后到达欧洲，覆盖了更广阔的面积，联通了更多的国家；还有一条就是南线，这条线的铁路尚不能全线贯通，今后希望能够把它和“海上丝绸之路”衔接起来，最终直达西亚和东非，打造“中巴经济走廊”。另外，我国很早就规划了泛亚铁路，有东、中、西三条线，但一直未能建设，希望借助“一带一路”倡议发展，能够实现泛亚铁路的建设。

打造“丝绸之路经济带”，需要充分发挥轨道交通作用。中亚、西亚的面积超过1 000万平方公里，铁路在我国境外超过3 000公里，而铁路运输是最适合大陆型地区的运输方式。打造丝绸之路经济带，需要建立沿南、北丝绸之路的铁路主干线，连接或修建与主干线连通的支线，形成发达的铁路网系统。根据铁路运输的特点，如果铁路不成系统的话，运输优势就难以发挥，运输效益会大打折扣。我们应该充分利用、改造和新建铁路线路，完善国际铁路系统，如陆桥通道和西亚铁路通道。南亚的中巴铁路尚未进入实质性的建设阶段，从今后经印度洋向西拓展的角度来说，我们应该尽快考虑和建设。中吉乌铁路、东南亚的铁路，都是“一带一路”规划建设的重要部分。我国国内的铁路设施也要完善，特别是西部地区面积很大，仅新疆维吾尔自治区就占了国土面积的1/6。但是相对来说，内陆地区的铁路通道还不够完善，特别是西部、南部地区，路网还没有形成。只有同步建设我们国家的线路，实现与国际通道的衔接，才能发挥最大的作用。

四、"21 世纪海上丝绸之路"是国家贸易战略

发展"丝绸之路经济带"，我们要形成一个便捷的综合运输通道，特别是中亚地区，现在还只能通过陆路运输，而这一地区具有十分重要的经济产业，也是交通运输的重要通道。

"21 世纪海上丝绸之路"有三条线：第一条是从中国经韩国、日本到俄罗斯远东地区，经北冰洋形成一条新的、里程节约的亚欧海运大通道；第二条是从东北亚到东亚，面向东部、南部的太平洋，走向全球；第三条是到东南亚，再进一步到南亚、西亚、东非和北非，另外可经苏伊士运河最终到达欧洲。这样就形成一个北、中、南的三条线大格局。

海上通道是主要的贸易运输方式，虽然这些年我们开通了从中国到欧洲的班列，但是从效率、速度、时间等综合考虑，90% 的货物仍然通过海运。我们在教科书中看到，从 20 世纪 60 年代起就在宣传亚欧大陆桥的概念，为什么这些年亚欧大陆桥发展不太景气呢？我认为主要是海上运输能力和效率的提升，如船速加快、船舶大型化等变化所带来的新优势，

以及苏伊士运河、巴拿马运河的建设与改造，极大地缩短了海运距离，降低了亚欧大陆桥的作用。借助“21 世纪海上丝绸之路”在通达性、经济性方面的优势，能够为我们“走出去”提供更优质的服务。

中央明确提出“21 世纪海上丝绸之路”，深究其战略作用，一是未来将面向印度洋，进一步加强与南亚、非洲的联系，如实现与印度洋西岸的东非的交通联系；二是海上航线基本上可以通达全球各地，可通过众多港口联系更广泛的内陆腹地。所以我们需要进一步完善海上通道、航线和港口，甚至港口连接的内陆系统，来支持我们的“一带一路”倡议。

五、“一带一路”有利于世界经济发展

“一带一路”将引领并有利于世界和平发展、共享发展。从世界大的格局来看，实施“一带一路”倡议将密切我国与世界各国的经济联系，促进我们更好地“走出去”，实现更高水平的合作发展。

合作的主要内容是互联互通，其中设施联通是实现互联互通最关键的因素。“一带一路”倡议合作有利于世界经济发展，国家主席习近平公开提出：希望各国都能搭上中国的顺风车，这是中国对世界的贡献。

谢谢大家！

黄苏支：亿赞普（北京）科技有限公司副总裁。

亿赞普集团在“一带一路”上的具体实践

黄苏支

非常感谢有这样的机会，让我在这里给各位汇报一下亿赞普集团在“一带一路”上的具体实践。

亿赞普集团旗下有大数据、金融、全球港口联盟、“丝路驿站”等业务模块。今天，我主要介绍一下亿赞普集团在“一带一路”沿线国家所铺设的“丝路驿站”及在园区建设的基础上所形成的“三通一大”体系。

通　关

通关即在“一带一路”沿线国家，实现全球港口和码头的全连接，搭建一个新型港口联盟平台，把全球港口的信息都汇聚在此平台上，基于创新的海关通关标准及港口数据应用，实现提前通关、报关。例如，一艘到斯里兰卡科伦坡港的船刚刚离开深圳，即使船未到港，但通关和报关的相关信息，会通过港口联盟平台，实现代码的转换，提前传递给目标国家海关，实现提前报关、清关。

众所周知，传统的中国货船，在海外通关至少要3～15个工作日，长时间、低效率的海关通关，既增加了企业成本，又降低了货物运送效率，而通过港口联盟平台信用评级系统，基于船舶在平台上历史积累的信用评级，信用等级越高的船舶，完成通关和报关的效率越高，最快当天就能完成货物价值清算和海关通关，可以极大地改善船舶运输的效率。

不仅如此，平台还有助于中国企业在全球贸易过程中，更加准确、清晰地了解到不同港口之间、主要大宗贸易流转和需求的情况。比如，了解南亚地区中国小商品的需求情况、分析非洲对中国粮食的需求情况等。基于这些需求信息，去指导中国企业更有针对性、精准地在这些区域投放、销售相对应的货物。

通　汇

近几十年来，全球传统的大宗贸易结算基本都是以美元作为结算货币。随着越来越多的中国企业在海外，尤其在

“一带一路”沿线国家进行投资和贸易，结算问题日益突出，核心难题是怎样以最快的速度、最低的风险将收益收回到中国境内。这就是通汇所要解决的问题。

传统的清结算模式是依照“布雷顿森林体系”，以美元作为清结算货币。这种清结算方式存在的问题是效率低，所需时间长（3～7 天），且在结算过程中，一旦货币发生贬值，所有由于贬值造成的损失均由中资企业来承担。

目前，我们正在“一带一路”沿线国家铺设以人民币为主要清结算货币的“金融高速公路”，在全球部署清结算网络，建立五大区域清算环。与传统清结算网络相比，我们的优势在于：第一，随着现代科技的发展，分布式技术相较于传统清结算网络集中化的特点，可以更加快速地实现区域清结算，我们基于分布式的清结算网络可以做到环外“T+1”，环内“T+0”。第二，为中国企业在“一带一路”沿线国家的投资和收益保驾护航是我们的主要目的。对于赚取的收益不能及时收回，很多在海外，尤其是在非洲国家从事投资和建设的中资企业都感同身受。新的清结算网络实现本地货币对人民币的直接清算，可以急速提升整个清算效率，降低清算成本和风险，有效解决在外中企的难题。

2013 年，在李克强总理的见证下，我们打通了中国和欧盟之间的直接清结算通道，即中国和欧盟之间可以做到人民币和欧元的直接清算；以沙特阿拉伯为首的中东国家，与我们签署了清算协议，通过沙特阿拉伯接入 GCC，承载中国与海湾五国和沙特与海湾五国之间的贸易清结算；在非洲、中亚、南亚等区域，我们也相继签署了清算协议，实现当地货币和人民币的直接清结算。未来，我们还会向周边更多国家和区域进行辐射。我们希望做到只要有中国声音、有中国投资的地方，就会有人民币的清结算网络和通道。

我一直从事金融领域的工作，这件事情在十年前是不可想象的，清结算网络合作对象是目标国家的央行，今天为什么它们愿意开放这样的清结算网络和通道与中国连接？我认为主要原因在于：第一，中国是全球第一大贸易国，急需基于人民币的金融高速公路，来承载中国庞大的进出口贸易量；第二，金融科技已经席卷全球，科技引领着金融前行，随着科技的发展，中国已经走在世界的前列，我们可以做到更高频、多次，借助高效率的网络与央行系统进行连接，在全世界范围内铺设贸易全球化的金融基础设施。

信　息　通

我们与“一带一路”沿线国家须做到知己知彼，才能互通有无，在信息互通的基础上，我们成立了中国“一带一路”大数据中心，它主要有两个职能。第一个职能是承建国家“一带一路”官网（www. yidaiyilu. gov. cn）的建设。“一带一路”官网向所有中国“一带一路”的合作伙伴展现中国在“一带一路”上的进展，以及未来计划；同时也为合作伙伴国向中国和其他国家呈现他们的产品和服务提供一个信息交互的平台。第二个职能是在“一带一路”沿线国家推动信息化和大数据的发展，主要通过以下三个方面来推进：一，我们结合这些国家形成大数据的联盟，共同发展大数据的标准和体系；二，帮助这些区域建设当地数据中心、IDC 中心等，同时，输出中国的产品和技术；三，建立中国“一带一路”大数据学院，帮助这些国家在基础信息，尤其是大数据基础领域培养更多的人才。

“丝路驿站”

基于以上三个通，最后形成了我们的“丝路驿站”。其基础是三个通，没有三通基础，“丝路驿站”就是传统的园区。近十年来，我们在海外建立了众多园区，但是运营的效果却不尽人意，原因是什么呢？就是因为以上讲的三个通并没有打通。

“丝路驿站”整体大框架是前港、中仓、后园区，最后是城市。前港，我们会围绕港口和机场来建立大的商贸中心，基于我们对港口数据交易的认知，判断这个区域到底需要什么，货下船后可以直接在当地进行销售和流转；中仓可以提前备货，在当地销售非常好的商品，可以提前在仓备货，方便发货，随时调取；后园区，针对在区域需求量特别大，并且中国关税特别高的商品，可直接将该商品生产线前移，拉到园区，基于生产及税务的优惠政策，使中国商品在当地更有竞争力。

我们正在购买斯里兰卡机场，围绕机场可以建立一个前港—中仓—后园区的综合模式“丝路驿站”；我们跟吉布提签署了园区建设框架协议，吉布提自贸区也可以参考前港—中仓—后园区的“丝路驿站”综合模式。我相信，随着“三个通”的打通，亿赞普集团一定可以将“丝路驿站”打造成国家“一带一路”倡议的“国家名片”。同时，亿赞普集团将持之以恒地提供强有力的信息化和金融化支持，以我们的成功经验和不懈努力，为“一带一路”倡议的蓬勃发展，为“一带一路”沿线国家和地区的互惠共赢，为中国企业在“一带一路”沿线国家和地区的投资和发展，贡献自己的微薄之力！

最后祝北京交通大学120周岁生日快乐，谢谢！

李中浩：中国城市轨道交通协会技术装备专委会副主任、原铁道部科技司副司长、铁道部信息技术中心主任。

中国高铁——如何证明未来

李中浩

中国高铁今天能够跻身世界轨道交通行业的先进行列，我们已经证明了过去，那么如何证明未来？

中国高铁的发展经历了几个阶段，1978—2003 年是自力更生的阶段，2003—2008 年是引进消化吸收的阶段，2008—2011 年，是在引进消化吸收的基础上再创新的阶段（以 380A 和 380B 为代表）。以中国动车组为代表，2012 年以后是自主创新为主的阶段，到今天为止，我们可以很自豪地说，我们拥有了自己的技术，并站在了世界轨道交通装备制造的前列。在城市轨道交通方面，经过十几年的发展，以国产化为主要杠杆和抓手，在牵引控制系统、制动系统、信号系统方面，都拥有了自主化的产品，目前我们也可以很自豪地说，我们不落后于任何一个国家。

但是回顾整个过程，我觉得这还是在国家体制下，或者说在计划经济为主的条件下，我们才完成了这个过程。虽然完全市场经济未必就是一种合理的体制，但是现在国家在往市场经济方向走，国家发改委正在简政放权，希望在轨道交通装备制造领域通过市场化，形成竞争的局面；中国铁路总公司在政企分开后，形成了带有垄断性质的铁路运输公司；中国中车股份有限公司，由两个公司合并成为一个轨道交通车辆制造方面相对垄断的企业。在这样一些外部环境变化下，我们是不是还能够延续过去的研发创新体系，这是需要我们去探索的。

之所以说我们在轨道交通的装备制造处在世界的先进行列，而不敢说领先，是因为我们自己的原始创新力还不强，或者说还没有非常显著的成果可以证明我们拥有很强的原始创新力。最近一些成果表明，我们在这方面有所变化，比如，中国标准动车组的研究成功。不同厂家生产的中国标准动车组完全可以做到互联互通以 350 km/h 的速度运行。我国首创研发了地铁车地无线传输的第四代通信技术，说明我们在原始创新力上有所增强。但是进一步看，我们原始创新的系统性、基础性不够充分。根据轨道交通的中长期发展规划，轨道交通还有 15～20 年，甚至更长的繁荣发展期，市场经济也会进一步转换。如何利用这难得的机遇期，使中国轨道交通装备和相关技术继续发展，实现从跟随到引领的发展模式的转变，这是证明中国轨道交通业具有很强的原始创新力的关键。

用户牵头，是轨道交通装备发展的良好组织方式，它可以把新产品的研发分成从没有到有（从 0 到 1），从有到小批量生产（从 1 到 10），从小批量生产到大批量生产（从 10 到 100）这三个阶段。在这三个阶段中，政府（用户）职能、企业职能、科研院校职能的关系在发生着变化。各个阶段重点是不一样的，尤其在 0 到 1、1 到 10 的阶段，政府（用户）的职能就显得非常重要。如何保持原始创新力？实现原始创新力要在远期目标和近期目标之间寻找平衡，没有远期目标，创新缺乏后劲；科技没有嵌入经济，不能形成生产力，创新难以维持。所以在市场竞争环境下，如何发育和培养原始创新力，形成在市场经济环境下保持原始创新力的机制，是我们能否持续发展的关键。

目前我们所做的工作是实现轨道交通的标准化、系统化、系列化，这在发展过程中是非常必要的，它与原始创新力之间存在辩证关系，因此要把握好“度”，过了会抑制创新的发展。比如说对轮轨关系的研究，就需要保持两种踏面形状，并对其做更进一步的研究。我们需要发展更快速度的动车组，需要对每一个部件进行更好的研究，在使其具有良好性能的同时也具有更好的质量和更高的性价比。

从技术发展方向来看，轨道交通作为一种传统的交通形式，离不开两个主题，一个是绿色，一个是智能。从绿色的角度来看，最简单的定义是节能、环保。我们是否有可能在一条地铁线路上运用各种手段，比如说采取优化操作、能量存储和反馈、全自动驾驶等新技术，实现节能15%～20%的目标。只要始终站在绿色环保的角度，宏观地思考这些问题，并践行之，就能使我们继续站在先进的行列。

我国的卫星技术、高铁技术、通信技术都处在世界先进地位。数字化、信息化是智能化的基础，经过调研，我们发现这些技术是可以融合的，卫星通信可以覆盖全国所有有高速列车的地域，5G技术即将商业化，我们可以充分利用这些技术，使我们的列车更加智能化。如果我们不忘初心，在生产制造、高速运营里程已经处在世界领先的条件下，提升与保持原始创新力，那我们一定能够保持在轨道交通方面的先进地位。

谢谢大家！

罗雨泽：国务院发展研究中心对外经济研究部综合研究室主任、研究员。2006 年 7 月毕业于北京大学，获经济学博士学位，2006 年 7 月至 2012 年 10 月曾供职于工业和信息化部研究院政策与经济研究所，历任副主任、主任。其研究领域为对外经济、区域合作与中国经济发展，曾组织项目研究 50 余项，在 *The World Economy*、《经济研究》《管理世界》《经济学季刊》《人民日报》《光明日报》等国内外权威期刊媒体发表论文 60 多篇，并为《经济研究》《经济学季刊》等学术刊物的审稿人。

“一带一路”：“大交通”与新时代

罗雨泽

尊敬的戴部长、宁校长、石定寰参事，各位嘉宾、老师和同学们：

上午好！

非常荣幸能够来到这个场合，我们知道北京交通大学在各方面都出了很多的人才，包括学术泰斗、商界精英和政界英才，我今天来到这里，是抱着学习的态度向各位老师和同学们汇报一下自己不太成熟的想法。

我的题目是《“一带一路”：“大交通”与新时代》，大家知道交通非常重要，是“衣食住行”四大需求之一，改革开放以来，关于中国经验有一句很经典的话，“要想富，先修路”。在中国的历史上，关于“行”的重要性，不知各位是否看过《汉武大帝》，论述了“行”的方式对其他方面的影响。单于的谋士中行曰说，虽然汉朝衣着比较华丽，比较精细，但是比不上匈奴人用兽的毛皮做的衣服，因为他们是游牧民族，兽皮做的衣服适合骑马打仗，若选择穿汉服，则匈奴人将失去战斗力。可见，衣食习惯要服从“行”的需要，这从生活的角度论证了“行”的重要性。

有些学者研究了“行”对经济、地理布局的影响。中国的经济中心在历史上有一个很大的变化，在秦、汉、唐时期，中国的经济中心都是在北方，但是在宋朝以后，南方超过了北方，成为中国的经济中心。其中有一个重要因素，就是水上运输技术的突破。宋朝的造船技术在世界上处于领先地位。《清明上河图》就体现了通过传动技术使桅杆能放能收，以及利用水密封舱技术应对航海的安全等场景。“泰坦尼克号”撞到冰川，如果用当时中国的技术，就不会沉船。破坏一个船舱，其他船舱也能保证船只的安全。公元 10 世纪，中国的造船技术远远超过欧洲，葡萄牙在 14、15 世纪才开始有这种技术。宋朝造船技术兴起之后，在海上可以看到中国的船开往日本、朝鲜、印度，甚至阿拉伯和东非等地区，航海技术的发展带动了沿海贸易的发展，南方成为经济中心。大家知道，自葡萄牙、西班牙等国的造船技术和远洋技术发展之后，一直到现在，它们的海运都处于垄断的地位，由此造就的经济强国基本上以海洋国家为主。

过去500年，葡萄牙、西班牙、荷兰、英国、美国，都是海洋大国，发展到今天有没有可能发生变化呢？已经展现出一个迹象。今天的技术有可能支撑一个新时代的到来，即“大交通”时代的到来。

什么是“大交通”呢？在百度也搜了一下，西南交通大学的校长也讲了，大家没有一个统一的共识。我认为“大交通”应聚焦在交通领域，表现在很广的地域上，海、陆、空多种交通设施的无缝连接，多种运输方式的有机融合，实现客货的高效、顺畅联运。实现的条件是什么呢？一是畅通无阻的基础设施和先进的交通运输工具。交通工具要先进、要高速、要安全。二是便利化的制度软环境。硬件设施再好，国与国之间的互信达不到，通关便利化实现不了，效率也就提高不了。三是发达的信息技术。物联网和互联网，把分散的信息整合起来，并且进行高效的处理。四是大范围而又紧密的区域经济合作。经济合作决定需求，大的需求支撑“大交通”取得好的效益，才能实现可持续发展。满足以上这4个条件，“大交通”将给人类生产生活带来巨大的变革。现在，我们已经具备了一些，如快速铁路、高铁技术及换装技术的成熟与推广，大大提升了效率。以阿拉山口站为例，过去需要很长时间换装，现在40分钟就可以了，非常快。

另外，产品自身价值结构的变化，将使陆路运输更具竞争力。渝新欧国际铁路联运大通道（重庆至欧洲的国际铁路大通道），相比海运省时近一个月，海运从中国到欧洲需要45天，但是现在通过渝新欧国际铁路联运大通道只要两个星期，节省了一个月的时间，价格只是空运的1/4，一旦进一步加强，比较优势就显现出来了。信息技术、新材料技术、新能源技术不断提高产品附加值，减少产品体积，非海运运输方式的性价比将上升，如铁路运输和航空运输。互联网、云计算和物联网技术支持各种运输方式的整合衔接，经过一段时间调整优化以后，合作性将进一步上升。

目前，世界经济活动呈现分散制造、集中运输的状态，新亚欧大陆桥有中国的产业，还有东亚各个国家的产业，这需要集散大物流、网络大交易，需要建设“大交通”体系。

我们确实也已看到实实在在的增长，2016年上半年，渝新欧国际铁路联运大通道运输货量1.4万标箱，同比增长74%，相比海运这是非常快速的增长。

郑州航空港最近几年发展非常迅猛，一个半小时之内能覆盖中国2/3的城市，3/5的人口，过去大家一直强调中原崛起，最近几年，才有显著突破。

未来的梦想是比较令人鼓舞的，但是国际形势并不乐观。全球化进程和过去相比也有所不同。15世纪，全球化以掠夺蔗糖和烟草等农产品为主。18世纪60年代，工业革命以后，人们对煤炭、钢铁、金属、重金属等原材料的需求增加。20

世纪 40 年代，进入资本控制时代，全球 40% 的财富被 147 家跨国公司占有，财富不断集聚，导致贫富分化、社会分层，带来种种严重的问题，如美国国内种族矛盾、枪击事件不断发生。在全球化背景下，2008 年国际金融危机以来，各个国家出台了不少经济政策，依然是屡振不兴，经济复苏面临很大的困难。过去的经济发展模式是有问题的，包括政策上负的外溢效应、自身累积的风险、老龄化负担加重，还有贸易保护主义、恐怖主义、自身经济问题等。这也是“一带一路”要开创一个新时代的原因。过去的合作框架虽然也强调共赢，不过是在小圈子里面进行贸易合作，通过贸易的方式抢占其他国家的贸易机会。但是“一带一路”不一样，它是在开放的区域内强调互利共赢。我们提的利益、责任、命运共同体是一个大框架。

我们不是靠强权，而是靠共商、共建、共享，是通过公平的商量、商议的方式来推进区域经济的合作与发展。在杭州 G20 峰会提出的“4I”，即创新（innovative）、活力（invigorated）、联动（interconnected）、包容（inclusive）是很好的理念。我们很重视《2030 年可持续发展议程》，帮助不发达国家提升生活水平。“一带一路”并不是在富人圈子里面做。“一带一路”通过打通血脉，在更大范围内配置资源。过去内陆国家之所以发展不起来，是因为不临海，很难参与国际分工。现在交通技术和信息技术发展了，内陆国交通的劣势慢慢小了。如果我们真正把路通过去，帮助它们实现发展，是在开辟一个全新的时代。这些国家经济发展了，人民过上好日子，恐怖主义事件就会减少，因为贫困是恐怖主义滋生的根源。

“一带一路”所做的工作，在过去的合作框架下是不可能实现的。“一带一路”涉及合作的覆盖面是最广的，合作内容也最为丰富。非沿线国家可以参与，国际组织也可以参与，这是大范围开放的合作机制和框架。

“一带一路”为“大交通”提供环境、基础条件，增强各个国家的互信，加强运输便利化合作。我国主导成立了亚投行和丝路基金，务实完善投融资体制，加大资金对基础设施建设的支持力度，加快设施联通的进程。

中国提出来建设高水平自由贸易服务，降低贸易壁垒，以繁荣经济贸易活动。硬件设施有了，环境制度也在搭建，经济壁垒正在消除，所以“一带一路”也为“大交通”创造了比较好的环境。

我们的梦想真正实现以后，将拉近空间距离和时间距离，内陆锁定和边缘飞地这些状况都会改变。

未来的“大交通”将造就大市场，在更大范围内进行优化配置，贸易上互通有无，人员自由流动，促进文化共融、知识分享。通过加强交流，增进理解，共同提高，互利共赢，构筑起和平、和谐的国际新秩序。

交融世界，通达古今。造福社会，奉献国家。我相信“交大梦”必将助力“一带一路”的实现，也将助力“中国梦”的实现。

翟　崑：北京大学国际关系学院教授，博士生导师。北京大学全球互联互通研究中心主任。1998—2014年任职于中国现代国际关系研究院，先后任南亚东南亚及大洋洲研究所所长（2008—2010年）、世界政治研究所所长（2011—2014年）。长期从事全球和周边形势研究，国内和国际区域合作研究，参与多项国际和国家战略规划和项目设计。兼任中国东南亚研究会副会长，东盟地区论坛（ARF）中方专家名人。

“一带一路”设施联通的评估与建议

翟 崑

非常有幸参加北京交通大学120周年的纪念活动。我参加这个活动，主要是来学习，刚才确实学到了很多东西，所以我也想给大家奉献一点东西，就是五通指数和设施联通。

在衡量“五通”（即政策沟通、设施联通、贸易畅通、资金融通、民心相通）的时候，因为有一些需要量化的因素，所以北京大学成立了一个课题组。刚才欧晓理先生说北大建立了一个全球互联互通研究中心，符合目前国家领导人推进“一带一路”倡议的需求。这说明我们的研究工作算是抓住了时代前沿问题，理论与实践相结合。

从设施联通的角度看，只有海陆空设施的建设还不够，因为现在的世界是个海陆空联网一体化的万物互联新世界，因此还需要海陆空的互联。我们中心致力于研究一个以万物互联为中心的理论，其基础就是海陆空联网的互联互通。在这个背景之下，我们对于交通内涵和外延的理解，或许就更加丰富和完善了。因此，在北京交通大学120周年校庆之际，讨论这个话题特别有意义。如果突破这些理论问题和实践问题的话，我们的交通事业和贵校的事业，就会随着“一带一路”的进展，取得更大发展。

接下来我们看一下五通指数。五通指数的每一通都设计了三级指标，共五个一级指标、十五个二级指标和四十一个三级指标构成。从表1可以看出，设施联通有二级、三级指标。我们按照从上到下和设施联通程度的高低设计了四个等级。第一等级是顺畅型，8分以上；第二等级是良好型，6～8分；第三等级是潜力型，3～6分；第四等级是薄弱型，3分以下的，基本上就不及格了。这些指数都是动态的，这样就能为相关部门提供系统、细致的建议。

我们通过指数对比，提供三条建议。第一，向“一带一路”沿线国家通报当前设施联通的状况，进行更细致、可操作的政策沟通、资金融通和民心相通。第二，开拓开展“一带一路”设施联通的总体规划研究，不只是铁路、公路、港口、机场，还有整体设计，是海陆空联网一体化的总体规划。第三，除了硬件联通之外，更重要的是软件的联通，包括制度、规则和标准等。

表 1　设施联通指标体系

一级指标	二级指标	三级指标	指标含义	数据源
B 设施联通	B1 交通设施	B11 物流绩效指数	从国际物流和国内物流两方面衡量国家贸易运输相关的基础设施质量，0～5 分，分值越高，国家整体运输效率越好	世界银行
		B12 与中国直航城市数	与中国有直航的城市数	《从统计看民航》（2014）
		B13 是否与中国铁路联通	与中国是否有铁路可抵达，包括中欧班列沿线国以及跨境铁路，可通过铁路抵达记为“1”，不可通过铁路抵达记为“0”	世界银行
		B14 是否与中国海路联通	该国是否有港口，从而与中国海路联通，可通过港口海路相通记为“1”，不可通过港口海路相通记为“0”	人民网
	B2 通信设施	B21 电话线路覆盖率	每 100 人中综合服务数字网络通道用户和固定无线用户总数	华林集团-航运在线
		B22 互联网普及率	每 100 人中的互联网用户数	世界银行
	B3 能源设施	B31 石油进出口数量	该国与中国石油原油及从沥青矿物提取的原油贸易总额	世界银行
		B32 天然气进出口数量	该国与中国天然气及液化天然气贸易总额	《中国海关统计年鉴 2013》
		B33 电力联通度	该国与中国电力贸易总额	《中国海关统计年鉴 2013》

最后，用一个字来祝福北京交通大学华诞，这个字就是“通”字，通达天下，这也是交通的目的。谢谢大家！

周　伟：交通运输部总工程师，享受政府特殊津贴，现兼任教育部高等学校教学指导委员会交通运输类专业指导委员会主任委员，交通运输部专家委员会主任委员，交通运输部部长政策咨询委员会委员。第四届、第五届“中国环境与发展国际合作委员会”中方专家委员，国家环保部战略环评专家咨询委员会委员，曾任中国公路学会第六届、第七届理事会副理事长。先后当选为中共十六大、十七大代表。

主要从事公路规划、政策研究、公路枢纽规划、交通经济与管理、公路工程项目后评估，以及可持续发展交通等领域的研究工作，是“公路网规划总量控制法”理论的主要创立人之一，先后参加和主持完成国家和省部级及其他科研项目50余项，曾获省部级科技进步奖8项，完成的“中国未来可持续交通发展战略与政策研究”项目获中国环境与发展领域杰出贡献奖。在国内外发表论文100多篇，出版著作6部。

“一带一路”倡议下的国际道路运输发展问题

周　伟

各位来宾、老师、同学们，大家上午好！很荣幸应邀来这里参加第九届中国交通高层论坛。在此，我首先向北京交通大学120周年华诞表示热烈的祝贺。我今天跟大家交流的题目是《“一带一路”倡议下的国际道路运输发展问题》。作为联系最为广泛的运输方式，道路交通在“一带一路”发展过程中负有重要的使命，就当前发展的具体情况来看，也存在着一些问题。我和大家交流的具体内容分为三点。

一、“一带一路”交通运输发展的目标

“一带一路”作为党中央统筹国内、国际两个大局所谋划

的全方位对外开放宏大倡议，基本要求是“五通”。“五通”之中，作为基础性、服务性的交通运输可以说是“一带一路”倡议的支撑和先导。因为“一带一路”从本质上来讲，是要通过贸易发展促进沿线国家互惠互利和经济发展。实现贸易发展，服务和保障流通的交通设施是先决条件，所以从这个意义上来讲，如何做好交通运输的发展，是搞好“一带一路”的基础和前提。所以我们要按照全方位对外开放新格局的要求，以加快向西开放和建设海洋强国为目标，建设“一带一路”交通基础设施互联互通的骨干网络，推进国际运输便利化，为“一带一路”建设提供畅通、安全、高效的交通运输设施与服务。

二、我国国际道路运输发展现状及存在的问题

（一）现状

我国国际道路运输始于 1991 年，经过 20 多年的发展，所有的边境省份都开展了国际道路运输业务，有力地促进了沿边地区经济、社会的发展，推进了与周边国家互联互通，已经成为我国“经略周边”的重要纽带。我们可以从以下 4 个

方面看一下我国国际道路运输发展的成绩和未来的趋势。

1. 我国与 15 个国家签署了运输协定

到 2015 年年底，我国与 11 个国家签署了双边汽车运输协定，分区域签署了 4 个多边汽车运输协定，许多运输协定都成为国家领导人出访的重要成果。例如，2008 年 6 月，时任中央政治局常委、国家副主席的习近平同志在访问朝鲜时，就与朝鲜签署了《中朝汽车运输协定》；2015 年 12 月，中俄总理会晤期间，我国交通运输部与俄罗斯运输部共同签署了《货运车辆经哈萨克斯坦领土临时过境货物运输协议》。

"一带一路"提出后，一些沿线的国家，如土耳其、格鲁吉亚、阿塞拜疆、乌克兰与立陶宛等，纷纷提出希望与我国加强国际运输战略合作，签订双边国际道路运输协定。所以，这方面的需求还在持续增长中。

2. 我国与周边国家建立了 12 个道路运输合作机制

目前，我国在东北亚、中亚、南亚和东南亚，与有关国家建立了 12 个运输合作机制。比较有代表性的，如中俄总理定期会晤委员会的运输分会，在这个机制下，中俄双方就道路运输及"一带一路"相关的运输问题定期进行深入会晤磋商，推动"一带一路"倡议下运输的发展。另外，还有中哈、中乌政府间的合作委员会交通分委员会，以及中韩交通运输与物流合作会议，上海合作组织交通部长会议，中巴、中老、中蒙汽车运输事务级会谈和部长级会谈磋商机制。各沿边的省份交通运输部门也多与接壤国家的沿边地区建立了不定期会晤协商机制。

3. 国际道路运输管理的体系初步形成

《中华人民共和国道路运输条例》明确了交通运输部、各省及口岸三级交通运输部门关于国际道路运输的管理职责，《国务院关于印发落实“三互”推进大通关建设改革方案的通知》（国发〔2014〕68号），进一步明确了交通运输部门作为口岸管理部门在口岸“一站式作业”中的执法地位。交通运输部颁发的《国际道路运输管理规定》明确了相应的基本管理制度和程序。至2015年年底，已有50个国家级口岸设立了国际道路运输管理机构，并进入口岸限定区域履行监管责任。

4. 国际道路运输持续增长

2015年年底，列入国务院沿边重点区域目录的5个重点开发开放实验区、61个沿边国家级口岸、28个边境城市和17个边境经济合作区均已开展了国际道路运输业务。目前，我国从事国际道路运输的企业达到了280余家，开通了国际客货运输线路370多条，初步形成了对接东北亚、中亚、南亚、东南亚等地区的国际道路运输网络。

据统计，2015 年国际道路运输客运量达到了 670 多万人次，货运量 4 000 多万吨。在“十二五”期间，国际道路运输客货运量增长率分别达到了 3% 和 22%，货物是先导，随着我国的经济发展和人民生活水平的提高，出境游还在大幅度增加。2015 年统计显示，我国出境游的增长率是 20% 以上，国际道路运输客运的增长也有广阔的前景。

在这种国际道路运输发展的带动下，沿边一些过去落后贫困的城镇，像黑龙江绥芬河、吉林珲春、内蒙古二连浩特、新疆塔城、云南瑞丽等城市已经成为对外互联互通的交通运输枢纽，由物流的发展带动了经济的发展，也带动了边境和落后地区民众的脱贫致富。

（二）存在的问题

“一带一路”倡议的实施，将有力推动国际道路运输向纵深发展，激发出更大的需求，拓展出更大的空间。这方面需求是非常巨大的，发展非常快，但是就目前基本条件和发展过程来看还存在一些问题。根据预测，到 2020 年，国际道路运输客货量分别达到每年 1 000 万人次、8 000 万吨，将比 2015 年增长 49. 3% 和 112. 5%。从这个意义上来看，增长的速度是非常惊人的，从国际道路运输运距变化来看，增长量也是很快的，客运最大运距会达到 1 000 多公里，货运最长运距达到2 000多公里。另外，其他细节方面的困难和问题还很多。但是从大的方面来讲，一是需要强化顶层的设计，二是需要扩展开放的格局，三是需要完善管理的体制，四是需要培养龙头的跨国运输企业。

首先看，为什么需要强化顶层设计呢？国际道路运输的基本特征表现为政策性、技术性很强，涉及的事务众多。从管理的角度来讲，大概要涉及7个部门，包括外交、发改、质检、公安、财政、商务和海关。国际道路运输首先有一个通关问题，所以与海关有关系；根据国际惯例，还涉及相应的税收问题和特殊的政策问题；国与国之间的交往中，公安和边防的管理很重要，各国差异很大；同时各国间的商务交往与商务部有着密切的联系。因此，推动国际道路运输的发展，必须强化顶层设计，实行多部门的协同联动，共同组织实施才能够做好这项工作。

其次是扩展开放格局问题，这就需要加强沿线国家的国情研究，推进国际道路运输向深度和广度发展。目前，在我国国际道路运输发展中，边境虽然发展快，但是着眼点有时存在偏差，往往过度关注局部利益，纵深度和覆盖面不够。在“一带一路”倡议大背景下，更需要全方位开放的新格局，必须改变现在这种省里主导的状况。国际道路运输的发展，既要考虑沿边地区自身，更要关注服务“一带一路”开放新格局的要求，扩大纵深度和覆盖面。

再次是需要完善管理体制，形成有效的管理机制问题。国际道路运输属于涉外事务，涉及国防、外交、国家安全等多个领域，从事权上讲的话，属于中央的事权。因此，在这方面的事务管理应实行中央垂直管理体制，像海关、边检、公安、边防等都是这种体制。然而，我国的实际管理状况是多数省份都采用国内运输管理模式，基本上由交通部委托各省的交通厅负责，分省、市、县三级管理，而且这种管理层级、经费和人员配置与我们现在的业务发展很不匹配。三级管理中有的实行省厅直接管理，有的则由省厅进一步下放到县里甚至口岸所在的区域管理，使得管理的机构、人员和海关、边检不对等。不对等的话，边检联合大厅办公设置都可能成为问题，这种方式极不适应“一带一路”倡议发展的要求。由于这种状况的存在，使得通关过程中存在着信息不能共享、程序过于复杂、效率低、成本高等问题。

最后是竞争力问题，需要提升国际道路运输企业的能力和装备水平，更好地实现“走出去”的目标。我国目前虽然有 300 多家企业从事国际道路运输的业务，但是这些企业集约化程度低、抗风险能力弱、综合服务能力不强。根据统计，我国从事国际道路运输企业类型，就和我国现在整个道路运输的特点一样，表现为散、小、多、弱。据统计，50% 以上涉及国际道路运输的企业，所拥有的货车都不足 10 辆，这种小企业，在国际道路运输中是以低层次的挂靠甚至初级阶段经营模式运作。因此，在国际运输市场上，很难针对当前的情况结合“一带一路”发展的要求把我国的运输水平提高。还有我国运输车辆与周边国家的车辆类型不完全一致，通关后进到具体国家受到限制，采用统一标准和协调相关问题就难度很大。所以今后需要按国际化的标准提升运输装备水平，并大力培养具有国际竞争力的跨国运输龙头企业。

三、加快国际道路运输发展的思路和重点工作

（一）思路

总的来讲，国际道路运输作为“一带一路”的先导，有着很多便捷条件。因为起步早，我国和周边国家很早就有着这方面的交流，在“一带一路”倡议背景下，又为国际道路运输发展提供了新的机遇和条件，只要我们抓住机遇，围绕着“一带一路”总的部署扎实推进这项工作，就是大有可为的。

我们要紧紧围绕“一带一路”倡议的总体部署，以同沿线国家经贸往来和交流合作为切入点，从战略高度加强顶层设计，加快签订与“一带一路”沿线国家互联互通的双边、

多边协定，尽快加入国际运输便利化公约，形成开放互联、高效有序的现代化国际道路运输体系，更好地服务和支撑“一带一路”倡议的实施。

（二）重点工作

1. 充分发挥国家便利运输委员会的作用

我国在 2003 年 9 月就经国务院批准成立了国家便利运输委员会，但是在很长一段时间内，这个委员会的作用发挥得不尽人意。这是因为我国发展国际道路运输涉及多个部委的工作，协调难度还是非常大的，在有些问题的协调过程中，大家的出发点和关注点有所不同。比如说，从国际道路运输视角来看，简化程序、方便通关、提高效率、降低成本是我们的追求目标，但是海关部门要讲严谨，公安部门要实现安全，尤其要防止中亚恐怖势力利用这种条件渗透到国内来。由于关注点不同，在既保证国际道路运输条件的同时，又满足相应其他方面的管理要求，这需要充分地沟通、协调，加以平衡。因此，我们要强化国家便利运输委员会的职能，建立定期会商机制，推进有关部委体制机制的改革，协商解决国际运输便利化的问题，共同推进国际道路运输的发展。

2. 加快构建新型国际道路运输的协定体系

构建新型国际道路运输体系，一是要研究签署《“丝绸之路”经济带沿线国家间道路运输协定》，既要研究可行性，更要加快推进，能够让它变成现实，从而改变目前一对一签订的思路，统筹与“一带一路”沿线国家共同签署运输协定。这样可以最大限度地促成国家间道路运输协定的签订。这与WTO谈判的方式是一样的，如果是多边谈判谈成以后对所有国家都适用，大家共同遵从，效益最高；如果是一对一的谈判，就经常会有矛盾；如果条件有差异会引起反复谈判。

二是推动上海合作组织、大湄公河次区域、中巴吉哈、中吉乌等多边运输协定落地实施。我国与这些国家有大量的双边议定书，都已经签署了。但是协定签署了不一定能够马上执行，要想真正地见到效果还需要做大量的实际工作，包括协定签订以后，利用国家便利运输委员会的协调机制，在多部委磋商的基础上，把管理要求落实到具体的环节中，这样才能真正使这些协议落地生效。

三是积极争取签署中蒙俄、中哈俄、孟中印缅等多边运输协定，要结合“一带一路”新的形势变化，修订中俄、中哈、中吉、中缅、中乌、中土、中巴、中朝、中老等双边协定或议定书。

3. 积极申请加入国际运输公约，推进沿线国家运输便利化

需要重点探讨加入相关国际公约，促进跨国运输无缝衔接，与相关国家共同推进“一带一路”国际运输便利化的途径和具体方法。因为这些公约我们有些还没有加入，有些已经在研究了，从总的情况来看，这些公约对推进国际运输便利化能起到基础性作用。当然，在我国实施的话，针对具体的条款还是需要斟酌的，我们要趋利避害，既遵守国际上共同遵守的规则，也要维护好自身的利益，取得相应的平衡。重点是加入欧洲交通部长会议成员国之间的双边道路运输协定和多边配额实用指南、《国际公路货物运输合同公约》《危险货物国际道路运输欧洲公约》，以及 1968 年《道路交通运输公约》《道路交通标志信号公约》《关于货物实行国际转运或过境运输的海关公约》等，从而形成普遍遵守的规则，实现国际运输全球化的便利条件，促进跨国运输无缝衔接。

4. 注重国际道路运输信息化建设，努力实现便利通关

一是多方面与沿线国家开展务实合作，重点在运输信息化的技术标准、动态数据的交换、突发事件的惩治及跨境电子商务等方面开展合作，以提高国际道路运输的便利化水平。二是推动国内相关管理部门信息系统的互联共享。最主要的是交通运输信息系统和海关、出入境检验检疫信息系统，实

现互联互通和信息共享。三是推行联合检查、一次放行的新的通关模式，避免重复建设，促进便利化通关，降低企业的物流成本。在具体工作中还涉及一系列的事项，包括如何在结合管理体制改革的前提下，实现国际道路运输管理的专业化和协同化。

虽然这里面的困难和问题还很多，但是我们也有信心，在“一带一路”倡议的背景下，通过国家运输便利化的协商机制，一定能够使这些问题得到显著改善。

总的来说，国际道路运输是落实“一带一路”倡议的“先行官”，是我国加强与周边国家经贸往来和人员交流的重要载体，是我国与周边国家互联互通建设的重要内容，也是促进区域协同发展和我国边境地区开发开放的重要抓手。做好这项工作，对于我国构建开放型经济新体制、打造全方位对外开放新格局具有重要的先导和支撑作用，意义重大，潜力巨大，当然困难也不少，对此我们应该有充分的认识。

北京交通大学是有着悠久历史和光荣传统的学校，一百多年来为我国的交通事业培养了大量的、高端的、做出卓越贡献的人才，我们期待着在未来全面建成小康社会进程中，在推进“一带一路”建设过程中，北京交通大学能够为我国的交通事业做出新的、更大的贡献，培养出更多、更好、更有成绩的人才。

谢谢大家！

赵佃龙：1973 年出生，1998 年毕业于北方交通大学铁道工程专业，获硕士学位，毕业后进入中国土木工程集团有限公司工作，先后多次赴国外常驻，累计在国外工作时间超过十年，现任中国土木工程集团有限公司党委副书记兼总经理。

关于参与“一带一路”建设的一点体会

赵佃龙

岁月历沧桑，风雨两甲子，在纪念母校建校120周年之际，我不禁回想起了当年的学校时光。我于1991年进入交大学习，专业是铁道工程，1998年研究生毕业并参加工作。交大7年的学习生涯，为我本人的立身、立行和立业奠定了坚实的基础。18年过去了，每思过往，我对母校的悉心培养心存感激，对各位恩师和学长的教诲记忆犹新。我在研究生阶段的研究方向是高速铁路，那时候高速铁路还是一个全新的概念，甚至有指导老师对我们说，你们路走对了，但是门进错了，因为高速铁路的发展还需要漫长的时间。谁曾想在这不到二十年的时间里，我亲眼目睹并参与了中国铁路的飞速发展，特别是中国高铁，从一个不起眼的“追赶者”，变成了全世界关注的“领跑者”，更是成为一张推进“一带一路”建设的国家名片。作为交大的一分子，我们生逢其时。下面我将结合在国际工程承包领域的从业经历，围绕今天的论坛谈三点体会。

第一个体会是今天的主题——创新。由于长期在海外从事经营工作，我想先从战术层面谈一谈运作模式的创新。在“一带一路”倡议的推行过程中，人们对社会服务的速度和质量要求不断提高，当下时兴的一个创新概念，即PPP项目管理模式：集投融资、设计、建造、安装、运营管理于一体的综合方案已经渐渐成为世界的主流。我们前几年还一再推崇的EPC模式，在下一个阶段会逐步成为历史。在以往的项目运作过程中，我们曾遇到过很多问题。比如，我们没有一套英文版或法文版的“中国标准”；再比如，项目建成以后的运营阶段，由于项目所在国的铁路高等教育和职业技术教育非常薄弱，甚至空白，铁路运营人才稀缺，导致项目迟迟交不出去。而现在这些问题已经得到了很好的解决，我们打破以往“只做承包商”的理念，做从前端设计规划到后端运营服务的全产业链。这是创新的举措，也取得了相当好的成效，我们建设运营的连接埃塞俄比亚和吉布提的亚吉铁路就是一个成功的案例，这是一条完全运用中国标准、中国技术、中国产品，甚至中国运营管理方案而建成的跨国现代化电气化铁路，再过一个月，这条铁路将投入运行，更有人把它誉为

“新时期的坦赞铁路”，由此可见创新的力量。

第二个体会是协作。中国企业“走出去”不光要靠企业本身的力量，更应该靠产学研各界的协作来开拓市场。高校、科研机构作为智库，如果与企业联合起来形成合力，就能更好地助推中国轨道交通领域“走出去”。早在 2012 年，北京交通大学就和我们中国铁建股份有限公司签订了战略合作协议。这几年我们也做了大量工作来落实合作，其中一个举措就是在北京交通大学的大三学生中提前选一批企业未来的项目经理，由学校和企业联合培养四年，企业会提供两年实习机会，并由企业的专家和学校的导师共同指导学生。毕业以后，他们将直接奔赴海外一线开始工作。另一个举措是和埃塞俄比亚、肯尼亚、阿尔及利亚等国高校共商联合办学，研究人才培训如何在项目管理中发挥作用，同时也签订了一系列协议来落实。只有抱团走出去，才能走得更稳，走得更远。

最后一个体会是“走有特色的道路”。中国在轨道交通领域，无论是企业还是高校科研机构，都有着比较领先的地位。中国土木工程集团国际上做了诸多知名项目。比如很早以前的坦赞铁路，是中国在海外建设的首条铁路；土耳其安伊高铁，是中国在海外建设的首条高铁；尼日利亚阿卡铁路，是中国在海外建设的首条中国标准铁路；连接埃塞俄比亚和吉布提的亚吉铁路，是中国在海外首条全产业链铁路；尼日利亚沿海铁路，是到目前为止，中国对外承包工程单体合同金额最大的铁路。这些项目都反映了一个特点，就是中国企业一直在坚持走有专业特色的道路。据不完全统计，由中国土木工程集团在海外承建的铁路项目，其份额占到了中国所有企业在海外承建铁路项目的80%～85%。这个数字还表明，一切成功都不是偶然的，中国高铁这些年所取得的进步，离不开过去几十年的积淀。对企业来说，就是要坚持走有特色的发展道路，只有厚积才能薄发。

作为交大校友，我本人愿尽一己之力，为企业和母校之间的合作发挥桥梁和纽带的作用，也非常愿意与在座的各位嘉宾、各位师长、各位同仁携手并进，共谋发展之路。最后，祝愿母校的事业蒸蒸日上，也祝愿母校在铸就“交大梦”的过程中，砥砺奋进，再创辉煌，谢谢！

毛保华：1998 年起任北京交通大学教授，博士生导师，中国综合交通研究中心执行主任，城市轨道交通系主任。中国系统工程学会常务理事、副秘书长，交通运输系统工程专业委员会主任委员；全国城市客运标准化技术委员会委员；中国城市轨道交通协会运营管理专业委员会副主任委员；中国城市科学研究会理事；北京城市科学研究会、北京城市规划学会综合交通学术委员会副主任委员；教育部战略研究基地北京交通大学行业特色研究型大学发展战略研究中心研究员。兼任《交通运输系统工程与信息》主编，《系统工程理论与实践》《铁道科学与工程学报》《交通信息与安全》《都市快轨交通》与 *Logistics & Sustainable Transport* 等编委会委员。过去十年来，主持和参加完成科研项目 60 余项，包括国家自然基金委员会重点项目“区域综合交通系统运行管理及建模方法”、国家重点基础研究发展计划项目课题“公交主导型大城市综合交通系统的实证研究”以及“新疆综合交通运输体系发展规划”等项目；发表论文 100 余篇，出版著作 10 余部；有“‘一带一路’战略下的交通体系发展策略”与“北冰洋航线对我国的战略影响及对策”等政策研究成果。现主持承担国家自然科学基金重大项目课题“多式联运物流运营管理”等。培养硕士、博士学位研究生 150 余人。曾获国家自然科学奖二等奖、北京市与原铁道部等省部级奖励多次；北京市优秀教师，北京市教学名师。国家级精品课程“城市轨道交通规划与设计”负责人。

“一带一路”综合交通体系建设与发展策略

毛保华

大家早上好！今天我代表北京交通大学团队，从以下几个方面向大家汇报一下我们关于“一带一路”综合交通体系建设与发展策略方面的研究成果。

一、“一带一路”倡议中的交通运输意义

首先，贸易是最重要的物的流通。2001 年，我国加入了 WTO，从 2002 年开始，中国进出口贸易进入快速增长阶段，增幅为 20%～30%，2012—2014 年则呈一位数的增长。大家不要认为一位数增长就代表中国经济不行了，实际上即使是一位数的增长，中国经济的增长速度依然是世界领先的，因为这段时

间世界经济总体进入低速发展期。为什么说我国是世界经济的“发动机”，因为与欧洲是一点几甚至是负的增长率相比，我国的经济增长率依然是很高的。我国从 2013 年开始成为世界第一货物贸易大国，我们的进出口总额居全球首位；2014 年我国的经济增长率比美国高，且这种差距还在拉大，具体数字见表 1。

表 1　2000—2014 我国货物进出口总额

单位：亿美元

年份	进出口额	出口额	进口额	累计比去年同期±%		
				进出口	出口	进口
2000	4 742.9	2 492.0	2 250.9			
2001	5 096.5	2 661.0	2 435.5	7.5	6.8	8.2
2002	6 207.7	3 256.0	2 951.7	21.8	22.4	21.2
2003	8 509.9	4 382.3	4 127.6	37.1	34.6	39.8
2004	11 545.6	5 933.3	5 612.3	35.7	35.4	35.2
2005	14 219.0	7 619.5	6 599.5	23.2	28.4	17.6
2006	17 604.4	9 689.8	7 914.6	23.8	27.2	19.9
2007	21 765.8	12 204.6	9 561.2	23.6	26.0	20.8
2008	25 632.6	14 306.9	11 325.7	17.8	17.2	18.5
2009	22 075.3	12 016.1	10 059.2	−13.9	−16.0	−11.2
2010	29 739.9	15 777.5	13 962.4	34.7	31.3	38.8
2011	36 418.6	18 983.8	17 434.8	22.5	20.3	24.9
2012	38 671.2	20 487.1	18 184.1	6.2	7.9	4.3
2013	41 589.9	22 090.0	19 499.9	7.5	7.8	7.2
2014	43 015.2	23 422.9	19 592.3	3.4	6.0	0.5

表 2 是世界 10 大港口的统计。可以看出 2003 年我国只有 3

个港口排进了世界前 10 位（高雄排 13），而到了 2013 年我国已经有 7 个港口排进了世界前 10 位。排在第一的是上海，超过了新加坡。

表 2　世界 10 大港口吞吐量

年	项目	1	2	3	4	5	6	7	8	9	10
2003	港口	香港	新加坡	上海	深圳	釜山	高雄（13）	洛杉矶（16）	鹿特丹（11）	汉堡（14）	安特卫普（15）
	吞吐量	2 045	1 810	1 137	1 065	1 036	844. 4	714. 9	711. 8	613. 8	544. 8
2013	港口	上海	新加坡	深圳	香港	釜山	宁波-舟山	青岛	广州	迪拜	天津
	吞吐量	3 362	3 258	2 328	2 229	1 768	1 735	1 552	1 531	1 350	1 300

再看一看运输方式。我国进出口外贸货物采用的是什么运输方式呢？主要是水路运输占 60% 多，公路运输约占 20%，航空运输也有一部分，铁路占比较小，发展空间比较大。

接下来我们看谁承担了这些进出口货物的运输任务。表 3 为全球 10 大集装箱班轮公司运力及市场份额排名，其中排名第 5、6、7 位的是中国公司。亚洲基本上排名比较靠后，韩国韩进海运排第 8 位，日本商船三井排到第 9 位，我国造船能力很强，但我们的船队并不是那么强。为什么我国船队的市场份额不高呢？因为我国船队的综合竞争力不强，融入国际大循环需要时间，不是说进去就能进去，也不是说扩大就能扩大的。

表3 全球10大集装箱班轮公司运力及市场份额排名（2015年第一季度）

排名	班轮公司	运力/TEU	份额/%
1	马士基集团	2 961 030	15. 50%
2	地中海航运	2 547 913	13. 40%
3	法国达飞海运	1 691 707	8. 90%
4	赫伯罗特公司	965 063	5. 10%
5	长荣海运	951 777	5. 00%
6	中远集运	813 312	4. 30%
7	中海集运	702 977	3. 70%
8	韩进海运	620 199	3. 30%
9	商船三井	593 618	3. 10%
10	美国总统轮船	545 270	2. 90%

接下来，我们来分析一下我国主要的进出口贸易货物。

（1）煤炭

我国是产煤和用煤大国，煤炭是我国最主要的能源，2013、2014年世界油价下降很厉害，带动煤炭价格下降，这给我国煤炭行业带来很大冲击，煤炭进口量快速增长。从图1可以看出：从2009年开始我国煤炭进口量超过了出口。2013年，煤炭进口量达到了3. 27亿吨，2016年约为1. 8亿吨。

（2）钢铁

经济高速发展下，钢铁生产能力快速增长，加入WTO促进了我国钢铁产品的出口。我国钢铁行业的产能大概有2亿吨需要出口。钢铁的目标市场中，需求超过1 000万吨的国家有印度、泰国等，基本上在东南亚这一带。

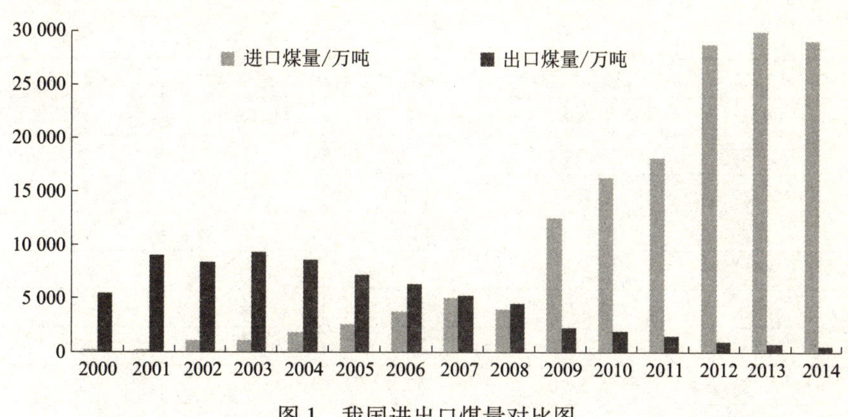

图 1　我国进出口煤量对比图

表 4 为我国与亚洲部分国家进出口总额的统计。可以看出，我国和日本的进出口总额在 3 000 亿美元左右；我国和马来西亚、越南、新加坡、泰国、印度、印度尼西亚这些国家的进出口总额都超过了 500 亿美元，其中，越南在 2014 年排第 4 位，2013 年排第 8 位。大家知道中越关系不太稳定，但中越间的贸易一直在增长，贸易额很大，两国的经济联系还是非常紧密的。

表 4　2014 年我国与亚洲部分国家进出口总额

单位：亿美元

国家	进出口总额	出口额	进口额	排名
日本	3 123. 1	1 493. 9	1 629. 2	1
韩国	2 904. 4	1 003. 3	1 901. 1	2
马来西亚	1 020. 0	463. 5	556. 5	3
越南	836. 4	637. 3	199. 1	4（8）
新加坡	797. 4	489. 1	308. 3	5
泰国	726. 2	342. 9	383. 3	6
印度	705. 8	542. 2	163. 6	7
印度尼西亚	635. 5	390. 6	244. 9	9

续表

国家	进出口总额	出口额	进口额	排名
缅甸	249.7	93.7	156.0	15
土耳其	230.2	193.1	37.1	16
哈萨克斯坦	224.5	127.1	97.4	17
巴基斯坦	159.9	132.4	27.5	18
土库曼斯坦	104.7	9.5	95.2	23
蒙古	73.2	22.2	51.0	24
朝鲜	63.9	35.2	28.7	25
吉尔吉斯斯坦	53.0	52.4	0.6	26
乌兹别克斯坦	42.8	26.8	16.0	28

表5给出了我国与欧洲部分国家进出口总额的统计。排在前面的是德国、俄罗斯、荷兰、英国。可以看出：德国是我国在欧洲最大的贸易合作伙伴。欧洲经济比较发达，一些欧洲国家和我国的贸易量也比较大，尽管贸易额没有排到前面，但是比非洲国家排第一、第二位的贸易额还要大。2014年，我国与非洲国家贸易额超过100亿的只有4个，最大的是南非460亿，安哥拉、尼日利亚、埃及排位顺序是2、3、4位，之后的国家大概是二三十亿。我们也是这些国家的最大贸易合作伙伴。

表5　2014年我国与欧洲部分国家进出口总额

单位：亿美元

国家	进出口总额	出口总额	进口总额	排名
德国	1 777.1	727.0	1 050.1	1
俄罗斯	952.7	536.8	415.9	2
荷兰	808.7	571.4	237.3	3

续表

国家	进出口总额	出口总额	进口总额	排名
英国	742.7	649.3	93.4	4
瑞士	557.6	287.0	270.6	5
法国	480.4	287.6	192.8	6
意大利	435.3	30.9	404.4	7
比利时	277.0	215.0	62.0	8
西班牙	272.8	172.2	100.6	9
波兰	171.9	142.6	29.3	10
瑞典	139.6	71.7	67.9	11
乌克兰	109.8	79.9	29.9	12
丹麦	106.1	65.5	40.6	15
奥地利	91.5	51.0	40.5	17

图2描述了我国与欧盟各国的贸易量。可以看出，德国是欧盟中与我国贸易量最大的国家，中德贸易量比例占整个欧盟

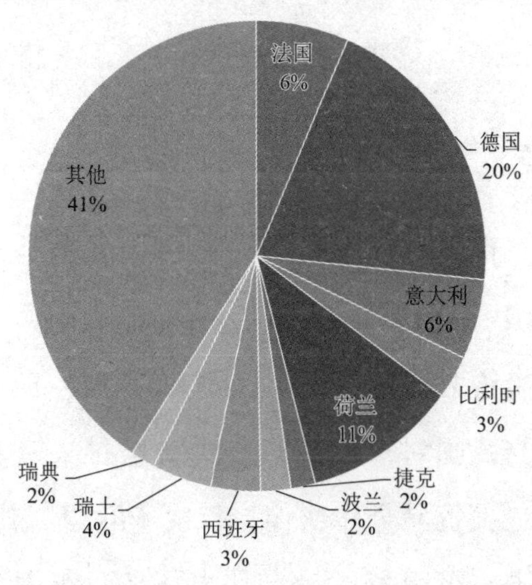

图2　中国与欧盟各国贸易量

的五分之一，荷兰是 11%，法国与意大利约为 6%。德国、荷兰、法国排在其他欧洲贸易伙伴前面。总体上，欧盟与我国的贸易量基本上处于稳步增长状态，这也说明中欧关系整体稳定。

图 3 为中国与中亚五国贸易量统计。2014 年排在第一位的是哈萨克斯坦，占到总贸易量的一半，土库曼斯坦排第二，吉尔吉斯斯坦是第三。

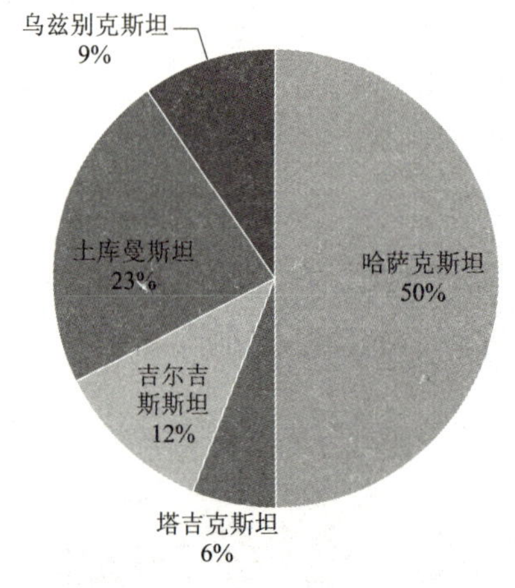

图 3　中国与中亚五国贸易量

我们知道，世界有三大自由贸易区，分别是北美自由贸易区、欧盟、中国-东盟自由贸易区。因此，东盟（十国）对我国的对外贸易来说是很重要的。为什么美国、日本对东盟事务这么重视？这与我国对东盟的影响力日益扩大有关。东盟目前已经是中国第三大贸易合作伙伴，仅次于欧盟、美国。

图 4 为中国与东盟贸易量，其中马来西亚占 21%，越南占 18%，新加坡占 17%，印度尼西亚占 13%，泰国占 15%，菲律

宾占 9%，缅甸占 5%。可以看出：我国和东盟的贸易量基本上处于稳步增长态势。

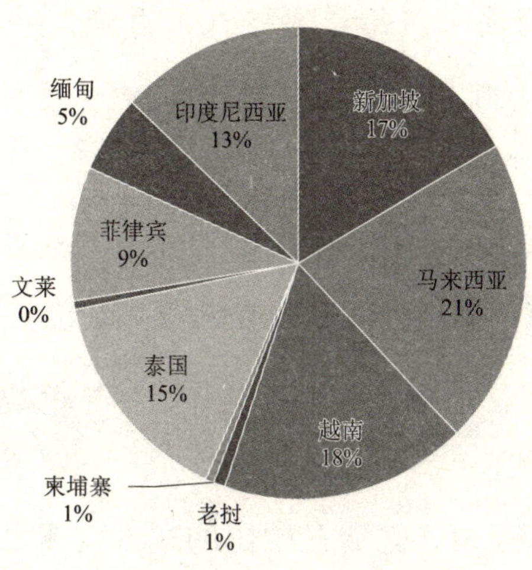

图 4 中国与东盟贸易量

综上，欧盟是我国最重要的对外贸易市场，中亚是我国最重要的油气输入地，东盟的劳动力资源丰富、成本较低、矿石资源储量较大。实际上，“一带一路”指出了我们发展的新的增长点，即未来发展中需要拓展的空间。为什么现在要把重点往西放呢？因为往东放，日本和美国是我们的对手，中、美、日、韩关系面临诸多变数。重视并拓展往西的市场，是我国发展的一大战略，是“大中国梦”的组成部分。

二、“一带一路”贸易流线分析

2015 年，我国煤炭进口排前 5 名的国家是印度尼西亚、澳大利亚、朝鲜、蒙古和俄罗斯。我国钢铁进口市场（主要是粗钢）则为东盟、东亚、西亚，基本上走海运，每年大概是三千多万吨。中国钢铁出口每年大概九千万吨，一部分到达欧洲（中欧有七百多万吨），走的是马六甲海峡，这个路线是海上丝绸之路的路线。

目前我们讨论的既有的中欧交通体系，基本上涉及三大通道：第一个是西部通道，就是现在的第二亚欧大陆桥，20 世纪 90 年代初开始经营的这条线，最近几年在中欧班列的推动下发展很快。

第二是东部通道，它通过中国的东部与东北部地区，进入蒙古，最后连接到俄罗斯，经第一亚欧大陆桥到达欧洲。

第三是南部通道，也是在规划和设想的通道，为什么有这样一条通道呢？东盟国家的农产品很便宜，也很有优势，但是东盟通往欧洲的通道现在并不是很畅通。打通一条陆路通道通往欧洲，对南亚和东盟国家有很大的好处。

另外，还有一个通道就是北冰洋通道，走俄罗斯、北冰洋那边。目前北冰洋有冰块，需要破冰才能走。随着气候变暖，未来通航几率增大。不过，通航会对原先的环境资源有所破坏，因此目前这个通道争议比较大，但确实是一个潜在的通道。将这个通道算上的话，东方和西方之间的运输通道又多了一条。

三、“一带一路”既有交通体系评估

“一带一路”战略需要拓展我国与各国的运输联系，那么，各种运输方式在各国的发展如何？我们要拓展的通道在这些国家得以实现有多大的可能性？这需要研究分析各种运输方式在这些国家的作用与地位。以铁路为例，货物运输业比较依赖铁路的国家：印度铁路占 34%，蒙古国占 72%，俄罗斯将近 90%，乌克兰 85%。这些国家可以说是比较注重发展铁路和利用铁路的国家。相反，另外一些国家的铁路很不发达，铁路货运的市场占有率也很低，如越南 8%，西班牙 3%，这些国家更多依赖公路或海运，见表 6。

表 6　相关国家 2012 年铁路、公路、民航 3 种方式货运周转量及比重

国名	公路		铁路		空运		总计/亿吨公里
	里程/亿吨公里	占比/%	里程/亿吨公里	占比/%	里程/亿吨公里	占比/%	
中国	59 534. 9	70. 15%	25 183. 1	29. 67%	155. 69	0. 18%	84 873. 69
印度	12 124	65. 90%	6 257. 23	34. 01%	15. 79	0. 09%	18 397. 02
日本	2 099. 6	88. 49%	202. 55	8. 54%	70. 46	2. 97%	2 372. 61
蒙古	44. 6	28. 07%	114. 18	71. 87%	0. 09	0. 06%	158. 87
越南	439	90. 77%	39. 59	8. 19%	5. 04	1. 04%	483. 63
捷克	512. 3	81. 75%	114. 23	18. 23%	0. 11	0. 02%	626. 64
法国	2 834	88. 66%	316. 16	9. 89%	46. 26	1. 45%	3 196. 42
德国	4 540	80. 05%	1 058. 94	18. 67%	72. 37	1. 28%	5 671. 31
波兰	2 333. 1	87. 61%	329. 04	12. 36%	0. 92	0. 03%	2 663. 06

续表

国名	公路		铁路		空运		总计/亿吨公里
	里程/亿吨公里	占比/%	里程/亿吨公里	占比/%	里程/亿吨公里	占比/%	
俄罗斯	2 490	10.06%	22 223.88	89.77%	41.32	0.17%	24 755.2
西班牙	2 419.7	96.55%	75.07	3.00%	11.32	0.45%	2 506.09
土耳其	2 161.2	94.15%	106.91	4.66%	27.32	1.19%	2 295.43
乌克兰	389.5	13.98%	2 377.22	85.33%	19.34	0.69%	2 786.06
澳大利亚	1 965.0	76.69%	596.49	23.28%	0.76	0.03%	2 562.25

第二亚欧大陆桥全长 10 900 km，比第一亚欧大陆桥段长，但第一亚欧大陆桥在 20 世纪 90 年代初期集装箱运量就超过了 15 万标箱，为什么呢？因为第二亚欧大陆桥途经多国，我国境内部分大概不到 40%，欧洲宽轨部分占到 45%，欧洲准轨占 17%，也就是说，第二亚欧大陆桥发展慢的一个很大原因在于轨距不一，需要换装，见表 7。我国采用标准轨距，欧洲一部分国家采用标准轨距，但是中途有国家采用宽轨，轨距为 1 520 mm，因此在中途要换轨，在哈萨克斯坦换一次，到了波兰马拉舍维奇还要换，时间耽误了，成本增加了。因此，第二亚欧大陆桥发展慢的原因，一是所经国家多，不好协调；二是铁路轨距不一样，中间要换装。这两个因素制约了第二亚欧大陆桥的发展，把这两个问题解决了就好办了。目前，全世界的高铁都是标准轨距，如果从连云港一直通到欧洲都是标准轨距，那么第二亚欧大陆桥的发展就不一样了。

表 7　第二亚欧大陆桥铁路通道组成

项目	中国	哈萨克斯坦	俄罗斯	白俄罗斯	欧洲
长度/km	4 131	1 911	2 981		1 877
线路情况	双线电气化铁路	部分区段为电气化铁路	电气化铁路	电气化铁路	电气化铁路
轨距/mm	1 435	1 520	1 520	1 520	1 432
换装站	阿拉山口	多斯特克	—	布列斯特	马拉舍维奇（波兰）

（1）欧洲港口

港口中有一个概念叫基本港，也就是中转港，大船到这里换成小船、汽车和铁路，运到附近的腹地（用户）。欧洲基本港里比较有名、比较大的有鹿特丹、安特卫普、弗利克斯托、勒阿弗尔、南安普顿，和中国联系最紧密的是德国的汉堡。汉堡港离出海口 76 海里，是欧洲第二大集装箱港。与该港口联系交流量最大的港口前 20 名里，中国港口有 8 个，第一是上海，第三是深圳，第四是香港。因此，汉堡港和我国的贸易联系是很紧密的，这与中德贸易量规模大是分不开的。汉堡港的优势，一是港口条件好，最大水深达到 14.5 m，适应远洋船舶停靠；二是集疏运条件好，公路、水运条件都很好，可通往欧洲各国，欧洲和我国的很多贸易都是经汉堡然后再中转的。

（2）“一带一路”综合运输体系建设

① 中欧通道

既有的及发展中的中欧综合运输通道有五条，第一亚欧大陆桥、第二亚欧大陆桥及远洋运输通道比较成熟，第三亚欧大陆桥在策划中，另有一条海铁联运通道值得研究，这就是一般我们所说的利用中巴经济走廊从瓜达尔港下海形成的一条绕马六甲海峡的通道。

从喀什到瓜达尔港的中巴经济走廊约 6 000 km，这条路线可提供一条不经现在海上丝绸之路的路线。从时间上看，第一亚欧大陆桥是 20～22 天，第二亚欧大陆桥是 18～20 天（组织上有困难）。海铁联运走中巴经济走廊的时间初步估计是 33～37 天（见表 8），比远洋运输要省时，走马六甲海峡可能需要 40 多天。

表 8　中国至欧洲主要运输方案分析

运输线路	线路里程	时间
第一亚欧大陆桥	陆运 12 000 km	20～22 天
第二亚欧大陆桥	陆运 10 700 km	18～20 天
第三亚欧大陆桥	陆运 15 300 km	25～28 天
远洋运输	海运 20 000 km	40～45 天
海铁联运	陆运 6 000 km、海运 11 700 km	33～37 天

集装箱运输这种模式适合于比较高附加值、不能太便宜的货物。

② 中国-东盟运输通道

中国-东盟运输通道有两个方案，一是走水路，二是走陆地。走水路（海上）大概需要 10 天，走陆地（公路）是 5 天，见表9。

表9　中国至东盟（泰国）运输方案分析

运输线路	线路里程	时间
公路：中国内地—昆明—曼谷	1 800 km（昆明—曼谷）	2～5天
海陆联运：中国内地—上海—曼谷	4 200 km（上海—曼谷）	8～12天

这里涉及一个重要规划，即泛亚铁路网络（Trans-Asian Railway，TAR）建设问题。2006年11月，亚太经济社会委员会成员国包括中国、印度尼西亚、伊朗、哈萨克斯坦、俄罗斯、韩国和土耳其等在内的18个国家和地区率先签署过一个协议，叫《亚洲铁路网政府间协定》。该协定主要包括4条铁路通道：一是连接朝鲜半岛、俄罗斯、中国、蒙古国、哈萨克斯坦等国的北通道；二是连接中国南部、缅甸、印度、伊朗、土耳其等国的南通道；三是连接俄罗斯、中亚、波斯湾的北南通道；四是连接中国、东盟及中南半岛的中国-东盟通道。4条通道连接了28个国家和地区，总长约81 000 km。其中，第四通道直接涉及我国与东盟的陆地联系，而第二通道则涉及我国与南亚的联系。

与东盟联系的第四通道建设有几个不同方案：东线方案就是走越南的，越南经济发展是东盟较快的，但铁路在越南并不那么重要，因此其积极性存在问题。中线是走老挝和柬埔寨，但老挝和柬埔寨经济不发达，投资与需求有问题。

我国与东盟铁路联系建设技术上的一个问题就是轨距问题。多数东盟国家的铁路轨距是窄轨或宽轨，有 1 m、1 067 mm 的，还有 1.6 m 和 1 676 mm 的（与俄罗斯也不一样）。

四、结论与建议

从以上研究可以得到以下几个结论。

第一，交通运输元素是“一带一路”倡议的重要组成部分，也是支撑条件，应重视“一带一路”所涉地区综合交通运输体系建设的研究，以此助推“一带一路”倡议的实施。

第二，“一带一路”通道中的陆路通道涉及国家及因素多，短期内应以加大铁路班列组织作为发展方向，通过打通中欧运输联系，为我国和欧洲各国的贸易发展提供支撑条件。

第三，从长远上看，一方面可以利用中巴经济走廊打造海陆联运通道，作为完善既有“一带一路”运输体系的重要方案；另一方面，推动南亚铁路建设对加强我国与东盟国家的贸易往来有重要战略意义。

第四，从国内看，着力强化海陆联运组织工作，发达国家港口集疏运铁路占到 20%，我国现在还不到 2%。如果我们能够扩大海路联运的比例，港口腹地价值会增加，物流成本会降低，出口产品竞争力将进一步提升。因此，降低出口企业外贸产品的物流运输成本，对提高我国外贸产品的竞争力具有重要战略意义。

内 容 简 介

本书收录了2016年北京交通大学部分高层论坛与学术讲座精华，其内容涉及交通、经济、建筑等领域。来自各行业的专家、学者围绕本领域最新前沿热点发表精辟见解，为广大读者了解社会、观察世界提供了广阔的视野和多元的视角。为了让更多读者了解北京交通大学学术讲座成果，特根据部分讲座报告录音文件整理成书，编辑出版《交大大讲堂2016》报告文集。

本书得到了詹天佑科学技术发展基金会的大力支持。

图书在版编目（CIP）数据

交大大讲堂. 2016 / 北京交通大学编. —北京：北京交通大学出版社，2017. 12

ISBN 978-7-5121-3450-8

Ⅰ. ① 交…　Ⅱ. ① 北…　Ⅲ. ① 社会科学-文集　Ⅳ. ① C53

中国版本图书馆CIP数据核字（2017）第306507号

交大大讲堂2016

JIAODA DAJIANGTANG 2016

编　　者：北京交通大学

责任编辑：丁塞峨

出版发行：北京交通大学出版社　　电话：010-51686414

地　　址：北京市海淀区高梁桥斜街44号　　邮编：100044

印 刷 者：北京泽宇印刷有限公司

经　　销：全国新华书店

开　　本：170 mm×240 mm　印张：7.5　字数：123千字

版　　次：2017年12月第1版　2017年12月第1次印刷

书　　号：ISBN 978-7-5121-3450-8/C·200

定　　价：41.00元

本书如有质量问题，请向北京交通大学出版社质监组反映。对您的意见和批评，我们表示欢迎和感谢。

投诉电话：010-51686043，51686008；传真：010-62225406；E-mail：press@bjtu.edu.cn。